Stefanie Eisenhuth

Die DDR im Jahr 1987

Zwischen Verheißung und Verfall

Mit Gastbeiträgen von
Anja Schröter und Julia Gül Erdogan

Umschlaggestaltung: Antoine Grünenberger

Stefanie Eisenhuth, geboren 1977 in Berlin, ist seit November 2017 wissenschaftliche Mitarbeiterin und Koordinatorin der Nachwuchsförderung am Zentrum für Zeithistorische Forschung Potsdam. Sie wurde unter anderem mit dem Fakultätspreis für gute Lehre der Humboldt-Universität zu Berlin und dem „International Research Award" des Caroline von Humboldt Grant Program ausgezeichnet. Dissertation zur US-amerikanischen Militärpräsenz in Berlin.

Landeszentrale für politische Bildung Thüringen
Regierungsstraße 73, 99084 Erfurt
www.lzt-thueringen.de

2019

ISBN: 978-3-946939-39-9

Inhalt

Der „Kampf gegen Schnee und Kälte": Mitarbeiter des Kraftwerks Nossener Brücke in Dresden, Januar 1987.

Einführung

Das Jahr 1987 begann in der DDR mit Dauerregen. Der Winter war erst spät eingetroffen, blieb dafür aber umso länger. Schnee und Eis bedeckten schnell das Land. In der ersten Januarwoche stiegen die Temperaturen kaum über minus 20 Grad. Als schließlich noch ein heftiger Wind aus Nordosten mit bis zu 90 km/h über die kleine Republik fegte und für bis zu vier Meter hohe Schneeverwehungen sorgte, fühlten sich viele Menschen an den Katastrophenwinter von 1979 erinnert. Wie auch acht Jahre zuvor, brach schon bald die Infrastruktur zusammen. Straßen waren nicht mehr befahrbar, Züge trafen nur noch mit massiver Verspätung ein. Amtsstuben, Schulen und Geschäfte mussten wegen ausgefallener Heizungen geschlossen bleiben. In den Bezirken Schwerin, Potsdam und Magdeburg fiel zeitweise der Strom aus. Insbesondere in großen Neubausiedlungen, wie in Halle, Leipzig oder Berlin, blieben viele Wohnungen kalt. Im Lausitzer Tagebau fror die Rohbraunkohle an Fördergeräten und auf Halden fest. Schließlich musste die Nationale Volksarmee (NVA) ausrücken, um den Kohlekumpel dabei zu helfen, sie wieder zu lösen. Am 14. Januar explodierte Block 13 des Kohlekraftwerks in Boxberg. Eine kaputte Fensterscheibe hatte die Kälte hereingelassen und damit eine Kettenreaktion ausgelöst. Nun stand noch weniger Energie zur Verfügung. Zahlreiche hochrangige Funktionäre machten sich auf den Weg in die Betriebe, um das Engagement der Staatspartei zu demonstrieren und die Bürger für den „Kampf gegen Schnee und Kälte" zu mobilisieren.

Zu verlockend wäre es, von diesem Punkt aus nun eine Verfallsgeschichte zu erzählen, die das Jahr 1987 als Anfang vom Ende der DDR deutet. In dieser Erzählung stünden der kalte Ostwind symbolisch für das Abkühlen der Beziehungen zur

Sowjetunion, der Kollaps der Infrastruktur für den allgemein maroden Zustand von Fabriken und Altbauten und die krampfhaften Mobilisierungsversuche der Regierung für die schleichende Erosion der Macht. Doch diese Erzählung würde der zeitgenössischen Wahrnehmung nicht gerecht werden. So sehr der historische Rückblick nahelegt, dass sich hier bereits der Untergang des SED-Regimes ankündigte, so wenig war dies abzusehen oder gar eine zwangsläufige Entwicklung. Obwohl kaum Zweifel daran bestand, dass die Probleme im Land immer größer werden, hätte vermutlich trotzdem niemand darauf gewettet, dass es die DDR am Ende des Jahrzehnts nicht mehr geben würde. Um das Jahr 1987 in seiner Vielschichtigkeit zu begreifen, ist es deshalb wichtig zu versuchen, das eigene Wissen um den weiteren Verlauf auszublenden. Denn die Geschichte dieses Jahres ließe sich durchaus auch als Erfolgsgeschichte schreiben.

Mit viel Pomp zelebrierte die DDR das 750. Jubiläum ihrer Hauptstadt. Im September wurde Erich Honecker erstmals in Bonn, der Hauptstadt der Bundesrepublik, empfangen. Auch für Kunstfreunde hatte das Jahr viel zu bieten: Zahlreiche neue Ausstellungen wurden in Berlin und andernorts gezeigt, Theaterpremieren und Gastspiele aus dem westlichen Ausland füllten den Kalender. Mit dem 1. Nationalen Theaterfestival der DDR, dem Tag der Künste, den 1. Dresdner Tagen der zeitgenössischen Musik und den Tagen der jiddischen Kultur sollten neue Veranstaltungsreihen begründet werden. Zusätzlich gab es: das 5. Nationale Festival für Kinderfilme, das 7. Festival der Freundschaft zwischen der Jugend der DDR und der UdSSR, das 8. Turn- und Sportfest, das 10. Nationale Festival Dokumentar- und Kurzfilm, die 11. Musik-Biennale, die 15. Tage des sozialistischen Films, das 16. Internationale Schlagerfestival und das 16. Festival des sowjetischen Films, das 17. Festival des politischen Liedes, die 30. Internationale Leipziger Dokumentar- und Kurzfilmwoche, die 31. Berliner Festtage des Theaters und der Musik, die Berliner Gartenschau, die Dresdner Musikfestspiele, ein Kunst-Festival in Karl-Marx-

Stadt, die ersten Musikfesttage des Bezirks Magdeburg und vieles mehr. In Berlin wurden zudem die Nationalgalerie und das Bode-Museum nach Renovierung und Umgestaltung, die Nikolaikirche sowie das Ephraimpalais nach erfolgtem Wiederaufbau und der Französische Dom nach langjähriger Rekonstruktion wiedereröffnet; Potsdam lud zur Wiedereröffnung der Neuen Kammern im Park Sanssouci und der Leipziger Thomanerchor feierte seinen 775. Geburtstag. Wer die leichtere Unterhaltung bevorzugte, konnte sich um Tickets für die 15 Aufführungen des britischen Musicals *Cats* an der Komischen Oper Berlin, die Premiere von *Evita* in der Dresdner Staatsoperette oder das Gastspiel der amerikanischen *Martha Graham Dance Company* bemühen. Im Berliner Friedrichstadtpalast sahen 47.500 Besucher das Gastspiel der Revue *Holiday on Ice*. Für die Freunde der westlichen Rock- und Popmusik gab es Konzerte von Peter Maffay, Carlos Santana, Barclay James Harvest, Bob Dylan und Tom Petty.

Bundesarchiv, Bild 183-1987-0704-094, Rainer Mittelstädt

Am 4. Juli 1987 feierten 700.000 Menschen auf den Straßen Ost-Berlins das 750-jährige Bestehen der Stadt.

Aus dieser Perspektive betrachtet, erscheint das Jahr 1987 als politischer und kultureller Höhepunkt der sogenannten Ära Honecker – die DDR war international anerkannt, gab sich bunt und weltoffen. Über 2,3 Millionen Menschen waren Mitglied oder Kandidat für die Aufnahme in die Sozialistische Einheitspartei Deutschlands (SED) und über 80 Prozent der Jugendlichen waren in der Freien Deutschen Jugend (FDJ) oder bei den Pionieren organisiert. Auch wenn vereinzelt kritische Stimmen und Proteste vernehmbar waren und allgemein über Vieles geklagt und gemeckert wurde, so schienen sich die meisten doch eingerichtet zu haben. Doch auch dieses Bild trügt. Denn was das Jahr tatsächlich ausmachte, war eine Gleichzeitigkeit des Ungleichzeitigen, ein Nebeneinander von teurem Protz und bröckelndem Putz, von Größenwahn und Mangelwirtschaft, von Verheißung und Verfall. Im Folgenden wird deshalb für jeden Monat des Jahres 1987 exemplarisch ein Thema aufgegriffen, um in der Zusammenschau die Parallelität von Höhen- und Sinkflügen verdeutlichen zu können.

Januar: Kein Tapetenwechsel – Glasnost und Perestroika

Das politische Jahr begann mit einem Ereignis, dem die meisten DDR-Bürger in der Vergangenheit verhältnismäßig wenig Aufmerksamkeit geschenkt hatten: der Plenartagung des Zentralkomitees der Kommunistischen Partei der Sowjetunion (ZK der KPdSU). Im März 1985 hatte jedoch der ins Amt gekommene junge Generalsekretär Michail Gorbatschow die Notwendigkeit von Reformen verkündet und seitdem nahmen auch DDR-Bürger Nachrichten aus Moskau mit wachsendem Interesse zur Kenntnis. Da die Staatspartei wirtschaftliche Probleme in der DDR stets tabuisierte, weckte die neue Offenheit des „großen Bruders" Hoffnungen. Unter dem Stichwort *Glasnost* verkündete Gorbatschow eine neue Politik der Transparenz, die eine offene Diskussion über die vorherrschenden Missstände ermöglichen sollte. Die *Perestroika* (Umbau) sollte Machtmissbrauch und Korruption ein Ende setzen und dazu beitragen, die sowjetische Wirtschaft effizienter zu gestalten. Das übergeordnete Ziel dieser Reformen war nicht die Abschaffung des Sozialismus, sondern dessen Erneuerung und Stärkung durch die kritische Analyse und gemeinsame Bekämpfung bestehender Probleme. Aus diesem Grund gab der sowjetische Wandel auch an der SED-Parteibasis Anlass für angeregte Debatten: „Mit der neuen Politik aus Moskau öffnete sich der vormals einheitliche und starre ideologische Raum für alternative politische Vorstellungen. Eine Repolitisierung der Mitgliederschaft setzte ein, in deren Zuge sich die Wahrnehmung des Parteilebens mit seinen engen Artikulationsgrenzen zu verändern begann."[1] Die Mehrzahl der Mitglieder an der Basis befürwortete die Reformpolitik, dennoch gab es auch sorgenvolle und skeptische Stimmen.

Im Rahmen des Januarplenums 1987 sprach Gorbatschow schließlich über die nötige Umgestaltung der KPdSU – und damit nicht mehr vorwiegend über Transparenz und wirtschaftliche Reformen, sondern auch über politische Veränderungen. Das *Neue Deutschland* (ND) druckte die Rede nicht wie üblich im Wortlaut ab, sondern fasste sie für die Leserinnen und Leser zusammen – unter Auslassung all jener Stellen, die als problematisch erachtet wurden. In der *Prawda*, dem Organ der KPdSU, erschien die Rede ungekürzt. Die sowjetische Zeitung war in der DDR aber plötzlich nur noch schwer erhältlich. Doch auch die vom ND zensierte Version war noch brisant: Der charismatische Generalsekretär kritisierte, dass sich eine „konservative Haltung" und „Trägheit" sowie „Gleichmacherei" und eine „Schmarotzerideologie" eingeschlichen hätten, Pläne in der materiellen Produktion schon seit längerer Zeit nicht mehr erfüllt wurden und auch die geplante „Verbesserung der Wohnverhältnisse, der Versorgung mit Lebensmitteln, der Organisation des Transportwesens, der medizinischen Betreuung" und anderer Bereiche nur ungenügend realisiert worden sei. Nötig sei zudem ein Demokratisierungsprozess, der auch die Parteiorganisationen, die Medien sowie das Wahlsystem einschließen müsse. Von geheimen Wahlen war die Rede, von mehr Freiheit und größerer Rechtssicherheit.[2]

Damit sprach Gorbatschow nicht nur vielen Menschen zwischen Lwiw und Petropawlowsk-Kamtschatski, sondern auch zwischen Stralsund und Suhl aus der Seele, die in seinen Ausführungen zur Lage der Sowjetunion die Probleme im eigenen Land wiedererkannten. Akribisch sammelte das Ministerium

---

1   Sabine Pannen, Wo ein Genosse ist, da ist die Partei! Der innere Zerfall der SED-Parteibasis 1979–1989, Berlin 2018, S. 230.

2   Michail Gorbatschow auf der Tagung des Zentralkomitees der KPdSU, in: Neues Deutschland (ND), 28. Januar 1987, S. 3.

für Staatssicherheit (MfS) deshalb in den folgenden Wochen Berichte über Reaktionen seitens der Bevölkerung. Die Rede habe überall im Land „für vielfältige, häufig stark emotional geprägte Diskussionen" gesorgt, stellten die MfS-Mitarbeiter fest. Insbesondere Gorbatschows „offene Sprache, das kritische Herangehen an die Bewertung der Lage in allen gesellschaftlichen Bereichen und das Aufzeigen von Lösungswegen" hätten viele Bürgerinnen und Bürgern begrüßt. Selbst Parteimitglieder hätten sich „zum Teil schockiert" gezeigt über die auf dem Plenum angesprochenen Schwierigkeiten, denn offensichtlich hatte die „Darstellung der Entwicklung in der Sowjetunion" bisher nicht den Tatsachen entsprochen.[3]

Die SED nahm sich diese neue Offenheit der KPdSU allerdings nicht zum Vorbild, sondern kommentierte sie ablehnend: „Würden Sie, nebenbei gesagt, wenn Ihr Nachbar seine Wohnung neu tapeziert, sich verpflichtet fühlen, Ihre Wohnung ebenfalls neu zu tapezieren?" Dieser Satz, geäußert in einem Interview mit der westdeutschen Illustrierten *Stern* am 9. April 1987, brachte Kurt Hager im Volksmund den Spitznamen „Tapeten-Kurt" ein. Der Leiter der Ideologischen Kommission des Politbüros war gefragt worden, ob die SED-Führung den Kurs Gorbatschows unterstütze oder ob die alte Parole „Von der Sowjetunion lernen, heißt siegen lernen" nun ausgedient habe. Hager betonte, wie wichtig die Reformen für die Sowjetunion seien. Gleichzeitig erteilte er einer Übernahme durch die SED eine harsche Absage: Auch in der Vergangenheit „kopierte" man ja nicht „alles, was in der Sowjetunion geschah".[4] An der Spitze der SED distanzierte man sich von dem bisher stets als Vorbild geltenden „großen Bruder" im Osten. Über diese Haltung bestand im Politbüro durchaus Konsens.

---

3   Zentrale Auswertungs- und Informationsgruppe (ZAIG): Erste Hinweise über Reaktionen der Bevölkerung auf das Plenum des ZK der KPdSU, 3. Februar 1987, in: Archiv des Bundesbeauftragten für die Unterlagen des Staatssicherheitsdienstes der ehemaligen DDR (BStU), MfS, ZAIG, Nr. 4217, Bl. 1–12.

4   Kurt Hager beantwortete Fragen der Illustrierten „Stern", in: ND, 10. April 1987, S. 3.

Mitglieder der Kirche von Unten bei einer Demonstration auf dem Kirchentag in Ost-Berlin 1987.

Die SED-Parteiführung fühlte sich der Sowjetunion vor allem in wirtschaftlicher Hinsicht überlegen und sah deshalb keine Notwendigkeit, dem neuen Kurs zu folgen.[5] Die Bevölkerung war indes anderer Meinung. Viele Menschen empfanden die reformfeindliche Haltung der Regierung als tiefe Enttäuschung. In den folgenden Monaten und Jahren wurde Gorbatschow deshalb immer mehr zum Hoffnungsträger und sein Name zum Synonym für den Wunsch nach Reformen. Das Tragen eines Porträts des sowjetischen Generalsekretärs anlässlich einer offiziellen Demonstration wurde zum kleinen Akt des Widerspruchs, der Ruf „Gorbi, Gorbi!" zur versteckten und zugleich unmissverständlichen Forderung nach Veränderung.

In der Sowjetunion selbst gab es allerdings auch zahlreiche Kritiker und Gegner der gorbatschowschen Umstrukturierung. Zum einen hatte die politische und bürokratische Elite Angst vor dem Verlust von Posten und Privilegien, zum anderen zeigten erste Maßnahmen, dass die wirtschaftliche Erneuerung auch Opfer forderte. Proteste und Streiks waren eine Folge. Im sowjetischen Vielvölkerreich begannen ethnische und religiöse Gruppierungen, ihr Recht auf kulturelle und politische Selbstbestimmung einzufordern; in den baltischen Republiken wurde der Wunsch nach staatlicher Unabhängigkeit laut. Die neue Pressefreiheit förderte mehr Missstände zu Tage, als viele Leserinnen und Leser verkraften konnten. Eine Kampagne gegen den Alkoholismus, der als „schlimmster Feind des Landes" bezeichnet und bereits seit 1985 rigoros bekämpft wurde, sorgte für Widerwillen bis Wut vor allem bei der männlichen Bevölkerung. Bei jenen, die Veränderungen begrüßten, kam bald die ängstliche Frage auf: Würde Gorbatschow sich halten können? Als der Hoffnungsträger im Herbst 1987 an 53 Tagen in Folge nicht öffentlich auftrat, machte sich Sorge breit. Hatten sich die Reformgegner durchgesetzt? War er gar ent-

---

5   Vgl. Andreas Malycha, Die SED in der Ära Honecker. Machtstrukturen, Entscheidungs-
mechanismen und Konfliktfelder in der Staatspartei, 1971–1989, München 2014.

Honecker werden in Moskau von Andrej Gromyko anlässlich des 70. Jahrestages der Oktoberrevolution Orden verliehen, November 1987.

machtet worden? Am Ende stellte sich heraus, dass er lediglich einen längeren Urlaub angetreten hatte – unter anderem, um ein Buch zu schreiben und nachzudenken. Auf zeitgenössische Beobachter wirkte Gorbatschow nach seiner Rückkehr fahrig und seine Äußerungen wie ein Zurückweichen hinter die zuletzt verkündeten Positionen. Auch wenn er betonte, „zurück können wir nicht", so war zugleich erkennbar, dass der Weg nach vorn lang und steinig werden würde.[6]

Im Laufe des Jahres wurde die Distanz zwischen Moskau und Ost-Berlin immer deutlicher. Das 70. Jubiläum der Oktoberrevolution wurde in den sozialistischen Staaten groß gefeiert und bot in der Sowjetunion Anlass für zahlreiche historische Rückblicke, kritische Bilanzen und Neubewertungen der

---

6   Sowjet-Union: „Zurück können wir nicht", in: Der Spiegel, 41/1987, S. 160–172.

eigenen Geschichte. Auch die Verbrechen der Stalin-Ära wurden öffentlich analysiert und debattiert. Die SED verweigerte sich diesem Kurswechsel ebenfalls. Am 20. Oktober 1987 beschloss das Politbüro, „Reden von Genossen der KPdSU" künftig nur noch „auszugsweise oder zusammengefaßt" zu veröffentlichen.[7] Allzu kritische Passagen, die auch in der westlichsten Republik des sozialistischen Lagers Fragen aufwerfen könnten, sollten nicht mehr wiedergegeben werden. Obwohl Erich Honecker anlässlich der Feierlichkeiten mit einer Delegation nach Moskau reiste, dort zu seinem 75. Geburtstag die höchste Auszeichnung der Sowjetunion, den Leninorden, erhielt und in seiner Dankesrede betonte, die DDR und die UdSSR würden „allezeit treue Freunde und Verbündete" bleiben, wies der Bruderbund inzwischen tiefe Risse auf.[8] Ein Jahr später, im Dezember 1988, pries Erich Honecker den „Sozialismus in den Farben der DDR" und vertiefte damit den Graben zwischen beiden Staaten weiter. Jahrzehntelang hatte sich die DDR-Führung an der Sowjetunion orientiert, nun isolierte sie sich zunehmend selbst.

---

7 Zum Politbüro-Beschluß 630/87: Zu Fragen der marxistisch-leninistischen Theorie und Praxis, 20. Oktober 1987, in: BStU, MfS, SdM, Nr. 581, Bl. 165–166.
8 Leninorden im Kreml-Palast an Erich Honecker überreicht, in: ND, 2. November 1987, S. 1.

Blick über die Berliner Mauer, 1987.

Februar: Aufbruch oder Zusammenbruch?

Am 6. Februar 1987 wurde in der Tagespresse der DDR ganz nebenbei eine unerwartete personelle Veränderung verkündet: „Generaloberst Markus Wolf, der auf eigenen Wunsch aus dem aktiven Dienst des Ministeriums für Staatssicherheit ausscheidet, wurden für seine großen Verdienste Dank und Anerkennung ausgesprochen und der Karl-Marx-Orden verliehen."[9] Zwei Jahre zuvor hatten westdeutsche Medien ihn noch als möglichen Nachfolger des Ministers für Staatssicherheit, Erich Mielke, gehandelt, nun verabschiedete sich der geheimnisumwitterte Leiter der DDR-Auslandsspionage in den Ruhestand.

Markus Wolf hatte seine Jugend in der Sowjetunion verbracht. Die Familie war 1933 aus Deutschland emigriert. Nach Kriegsende kehrte er zurück. Wenige Jahre später begann seine Spionage-Karriere. Lange Zeit galt er im Westen als „der Mann ohne Gesicht". Erst Ende der 1970er-Jahre wurde in Stockholm erstmals ein Foto von ihm gemacht und veröffentlicht. Nun, nach seinem Ausscheiden, begannen die Spekulationen: War er krank? Oder frustriert, weil er nicht die Nachfolge Mielkes antreten durfte? Lag es an seinem als zu westlich empfundenen Lebensstil oder an seiner dritten Ehe? Eine eindeutige Antwort war nicht zu bekommen.

Nach seinem Rücktritt fragte ihn eine westdeutsche Journalistin bei einem Konzert des westdeutschen Schlagersängers Udo Jürgens im Friedrichstadt-Palast, ob er nun seine Memoiren schreiben werde. Wolf antwortete: „Das ist ein Gerücht, das will ich weder dementieren noch bestätigen."[10] Zwei

---

9   Erich Honecker beförderte und ernannte Generale, in: ND, 6. Februar 1987, S. 1.
10   Memoiren von Wolf?, in: Der Spiegel, 11/1987, S. 17.

Jahre später erschien kein persönlicher Rückblick, sondern *Die Troika* zeitgleich im ostdeutschen Aufbau- sowie im westdeutschen Econ-Verlag. Markus Wolf setzte damit eine Filmidee seines 1982 verstorbenen Bruders in Buchform um. Er erzählt die Geschichte der Freundschaft zwischen dem berühmten Filmregisseur Konrad Wolf und zwei anderen jungen Männern aus Deutschland, die sich in den 1930er-Jahren in Moskau kennenlernten, doch durch den stalinistischen Terror, den Zweiten Weltkrieg und die anschließende Teilung Europas wieder getrennt wurden. Die Offenheit, mit der Markus Wolf über die Stalin-Ära sowie über Fehler der KPD und schließlich der SED schrieb, sorgte für Erstaunen in Ost und West. Der SPD-Politiker Egon Bahr erinnert sich, wie überrascht er nach der Lektüre des Buches war: „Wenn ein Mann mit seinen internen Kenntnissen so etwas schreibt und es dort gedruckt wird, dann kann die DDR über Nacht wie ein Kartenhaus zusammenbrechen."[11]

Andere westdeutsche Beobachter gewannen in jener Zeit den Eindruck, in der DDR stünde ein Aufbruch bevor. Im Frühling 1987 begann ein ungewöhnliches Forschungsprojekt. Über zwei Jahre hatte der Historiker Lutz Niethammer, damals Professor an der Fernuniversität in Hagen, immer wieder versucht, eine Genehmigung zu erhalten, um in der DDR Forschungen zur Kriegs- und Nachkriegszeit anstellen zu können.[12] Doch weder persönliche Kontakte, noch Briefe an verschiedene DDR-Behörden halfen. Insbesondere die Methode seines Forscherteams sorgte für Misstrauen: Sie wollten nicht nur Dokumente in DDR-Archiven einsehen, sondern auch ältere ostdeutsche Arbeiterinnen und Arbeiter interviewen. Im Ruhrgebiet hatte das Team bereits ähnliche Forschungen durchgeführt, um herauszufinden, wie Menschen den Nationalsozialismus und die Jahre danach erlebt hatten und wie sie ihren Lebensweg

---

11 Egon Bahr, Vorwort, in: Markus Wolf, Die Troika. Geschichte eines nichtgedrehten Films, Berlin 2000, S. 11.

12 Hier und im Folgenden: Lutz Niethammer, Glasnost privat 1987, in: ders., Die volkseigene Erfahrung. Eine Archäologie des Lebens in der Industrieprovinz der DDR, Berlin 1991, S. 9–73.

heute erinnern. Nun sollten Zeitzeugen-Gespräche in der Industrieprovinz der DDR das in der Bundesrepublik gewonnene Bild ergänzen. Ihre Methode, genannt „Oral History" (mündlich erfragte Geschichte), war noch ganz neu. In der Bundesrepublik wurde sie bisher vor allem von der links-alternativen Geschichtsbewegung angewandt. Vielerorts schlossen sich damals Experten und interessierte Laien zu „Geschichtswerkstätten" zusammen. Ihr Ziel war es, die Geschichte „von unten" zu erzählen, aus der Perspektive jener Menschen, die sie tatsächlich erfahren und erlitten hatten. So etwas war in der DDR nicht üblich. Die Staatspartei genehmigte zwar vereinzelt die Veröffentlichung von Autobiografien und persönlichen Erinnerungen, aber nur, wenn der Lebenslauf des Verfassers als vorbildlich galt. Nach einer Eingabe an den Staatsrat erfolgte trotzdem plötzlich die Erlaubnis per Telegramm. Eine kleine Sensation!

Ab April 1987 reisten die Wissenschaftler Lutz Niethammer, Dorothee Wierling und Alexander von Plato immer wieder nach Eisenhüttenstadt, Bitterfeld und Karl-Marx-Stadt. Ihre Gespräche mit den ostdeutschen Zeitzeugen verliefen einfacher und viel offener als sie erwartet hatten. Was wohl half, war ein Schreiben, das die drei vorweisen konnten. Es bestätigte, dass sie die aufgezeichneten Interviews unkontrolliert aus der DDR ausführen dürfen. Die Historiker besuchten große Kombinate und kleinere Betriebe, Rentnerclubs und Altenheime, Kirchen, Gaststätten und Schrebergärten. Sie führten über 100 Interviews mit Stahl- und Textilfacharbeitern, Näherinnen und Schmelzern, Produktions- und Abteilungsleitern, Geistlichen, Intellektuellen und Parteiarbeitern. Vor allem, wenn keine anderen DDR-Bürger anwesend waren, redeten die Menschen freimütig über Versorgungsprobleme und den Mangel an Konsumgütern in der DDR, aber auch über ihr Leben in Zeiten des Nationalsozialismus und erste Begegnungen mit der sowjetischen Besatzungsmacht. Sie zögerten vor allem, wenn aktuelle politische Themen oder gar Ereignisse wie der Volksaufstand vom 17. Juni 1953 angesprochen wurden.

Mit über 500 Tonbandkassetten kehrten die Wissenschaftler im Frühling 1988 in die Bundesrepublik zurück. Sie waren sich sicher: Das Buch würde ein Erfolg werden! Insgesamt hatten sie den Eindruck gewonnen, dass die Deutung der DDR im Westen zu schablonenhaft war: Nicht nur Privilegien für die Führungselite und eine im Volk weitverbreitete Angst würden die Gesellschaft hinter dem Eisernen Vorhang zusammenhalten, sondern auch der Stolz auf den Aufbau nach dem Krieg und das Lob der sozialen Sicherheit.[13] Insbesondere die günstigen Preise für Wohnungen, öffentlichen Nahverkehr und viele Grundnahrungsmittel sowie die kostenlose medizinische Versorgung würden „überwiegende Anerkennung" finden. Politischer Gestaltungswille war den Forschern jedoch kaum begegnet, dafür umso häufiger der nicht näher definierte Traum, „den Reichtum des Westens mit der Sicherheit des Ostens zu verbinden". Stets habe sich das Gespräch in der DDR um wirtschaftliche Aspekte des Lebens gedreht, um „Devisenmangel, Intershops, Planrückstände, Prämienanrechte und Preiserhöhungen". Aus „Liebesgeschichten werden Wohnungsgeschichte" und das Gespräch zwischen Alt und Jung beschränke sich darauf vorzurechnen, wie gut man es doch heute habe. Mit diesem Hinweis lasse sich die Jugend aber nicht abspeisen. Die Älteren hätten es nicht geschafft, ihre Werte und Überzeugungen an die Jüngeren weiterzugeben, da deren Erfahrungen gänzlich anders waren. Sie erlebten keinen vergleichbaren sozialen Aufstieg wie ihre Eltern und Großeltern, sondern Stagnation in einem „sozialistischen Biedermeier". Sollte es nicht gelingen, mit diesem Problem offen umzugehen, würden der gesellschaftliche Zusammenhalt und die Motivierbarkeit der jungen Menschen leiden. Das Fazit von Lutz Niethammer: Es sei nicht zu übersehen, dass in der DDR ein „kultureller Aufbruch" bevorsteht.

---

13 Hier und im Folgenden: Lutz Niethammer, Annäherung an den Wandel. Auf der Suche nach der volkseigenen Erfahrung in der Industrieprovinz der DDR, in: in: BIOS 1/1988, S. 19–66.

Am 9. November 1989 wurden dann ausgerechnet drei Historiker von ihrem Untersuchungsgegenstand, der Geschichte, überrollt. Die Grenze war offen und jeder konnte nun problemlos Interviews mit ostdeutschen Arbeitern führen. Eine Studie, die westdeutschen Leserinnen und Lesern die Lebens- und Denkwelt durchschnittlicher DDR-Bürger vermittelt, war nicht mehr gefragt. Trotzdem ist das Buch „Die volkseigene Erfahrung" auch heute noch – oder gerade wieder – eine kluge und interessante Lektüre.

Bundesarchiv, Bild 183–1987–0325–401, Klaus Franke

Beobachter zahlreicher europäischer Staaten und der USA bei einer gemeinsamen Truppenübung der Gruppe der sowjetischen Streitkräfte in Deutschland und der Nationalen Volksarmee, Potsdam 1987.

März: Frieden schaffen mit immer weniger Waffen?

Zwischen dem 23. und dem 30. März 1987 marschierten zwischen Gardelegen, Magdeburg, Wittenberg, Lübben und Brandenburg an der Havel 23.500 sowjetische und 1.500 Soldaten der DDR mit 500 Panzern auf. Was diese Militärübung zu einem Meilenstein in der Geschichte des Kalten Krieges machte, war die erstmalige Teilnahme internationaler Beobachter. Insgesamt 40 Offiziere aus 20 Ländern reisten nach Potsdam, um das Manöver des Warschauer Paktes zu begleiten. Ein halbes Jahr zuvor hatten die 35 Teilnehmerstaaten der Stockholmer Konferenz über Sicherheits- und Vertrauensbildende Maßnahmen und Abrüstung in Europa (KVAE) beschlossen, künftig jeweils zwei Beobachter zu allen militärischen Manövern einzuladen, an denen mehr als 13.000 Soldaten und 300 Panzer beteiligt sind. In der DDR sollten sie sich nun davon überzeugen, dass im Rahmen der Übung lediglich die Verteidigung geprobt wird. Bei der abschließenden Pressekonferenz zogen die Vertreter der Bundeswehr im März 1987 folgendes Resümee: Zwar habe man, anders als vorgeschrieben, nur einen Teil inspizieren dürfen, dennoch sei deutlich geworden, „daß von dem, was wir bisher gesehen haben, keine Gefahr für die Bundesrepublik Deutschland ausgeht". Darüber hinaus sei die Tatsache, „daß wir überhaupt wieder miteinander reden können" von großer Bedeutung.[14]

Wenig später, im Mai 1987, beschlossen die Teilnehmerstaaten des Warschauer Vertrages in Ost-Berlin eine neue, de-

---

14 Burkhard Kieker, Im Glashaus auf dem Feldherrenhügel, in: Die Zeit, 3. April 1987. Siehe auch: Fehlender Geist, in: Der Spiegel, 15/1987, S. 30.

Ungefähre Flugroute von Mathias Rust im Mai 1987.

fensive Militärdoktrin: Sie würden keinen Staat und kein Volk als Feind betrachten, niemals als erste militärische Handlungen beginnen oder gar Kernwaffen einsetzen, keinerlei territoriale Ansprüche jenseits der eigenen Grenzen erheben und die eigenen Militärpotentiale künftig reduzieren. Im Westen blieb man dennoch skeptisch. Einerseits war bekannt, dass die Verteidigungsausgaben die sowjetische Wirtschaft massiv belasteten, andererseits wurde betont, dass es innerhalb des Militärs auch einige Gegner dieses neuen Kurses gab.[15] Ein parallel stattfindendes Ereignis half schließlich Michail Gorbatschow, sich genau dieser Opponenten zu entledigen. Am frühen Abend des 28. Mai 1987 landete der westdeutsche 18-jährige Hobbypilot Mathias Rust mit einem Sportflugzeug

---

15   Vgl. Christoph Bertram, Nach den Raketen die Panzer?, in: Die Zeit, 12. Juni 1987.

Am 28. Mai 1987 landet der Westdeutsche Mathias Rust auf dem Roten Platz in Moskau.

in der Nähe des Roten Platzes in Moskau. Fünf Stunden war er unbemerkt durch den sowjetischen Luftraum geflogen. Mehrere führende sowjetische Militärs mussten daraufhin ihren Posten räumen, was die Durchsetzung der neuen, defensiven Militärdoktrin erleichterte. Das war ein gewaltiger Schritt. Das Verhältnis zwischen den beiden Blöcken war in den letzten zehn Jahren nämlich deutlich abgekühlt. Hatten die 1970er-Jahre zunächst noch hoffnungsvoll mit den Ost-Verträgen und den *Strategic Arms Limitation Talks* (*SALT*) begonnen, so verlief bereits die zweite Runde der Abrüstungsverhandlungen (*SALT II*) deutlich zäher und auch die parallel stattfindenden Verhandlungen der *Konferenz für Sicherheit und Zusammenarbeit in Europa* (KSZE) versprachen zunächst keine großen Veränderungen. Die 1975 in Helsinki verabschiedete Schlussakte gewann erst an Bedeutung, als Bürgerrechtsgruppen wie die tschechoslowakische *Charta 77* sich auf sie beriefen. Kurz darauf begann die Nachrüstungskrise. Die Sowjetunion tauschte ihre Mittelstreckenraketen in der DDR und der ČSSR gegen das leistungsfähigere Modell *SS-20* aus. Schnell kritisierten die europäischen NATO-Bündnispartner die USA, denn die für Mittel- und Westeuropa gefährlichsten Raketensysteme waren aus den bilateralen Gesprächen der Supermächte ausgeschlossen worden. Auf Druck der Bundesregierung kam es dann im Dezember 1979 zum NATO-Doppelbeschluss: Die USA boten der Sowjetunion weitere Abrüstungsverhandlungen an, drohten aber zugleich, dass sie im Falle des Scheiterns amerikanische Pershing-II-Raketen und Cruise Missiles in Westeuropa stationieren würden. Als zwei Wochen darauf sowjetische Truppen in Afghanistan einmarschierten, kündigte sich bereits an, dass die Verhandlungen wohl nicht zustande kommen würden. Der amerikanische Kongress verweigerte die Ratifizierung des Abrüstungsabkommens SALT II und verhängte Sanktionen gegen die Sowjetunion. 1983 wurde mit der Stationierung neuer Mittelstreckenraketen in der Bundesrepublik, in Italien, Belgien und Großbritannien begonnen. Erst nach dem Machtantritt Michail

Gorbatschows wurden die Abrüstungsverhandlungen wieder aufgenommen. Im Dezember 1987 unterzeichneten er und US-Präsident Ronald Reagan schließlich den INF-Vertrag, ein Abkommen über den Abbau und die Vernichtung von Nuklearraketen mit kürzerer und mittlerer Reichweite (Marschflugkörper und Mittelstreckenraketen bzw. Intermediate Range Nuclear Forces) inklusive sämtlicher Startgeräte, der Operations- und Produktionsinfrastruktur. Die beiden deutschen Staaten hatten an dieser Entwicklung keinen geringen Anteil.

Der NATO-Doppelbeschluss war 1979 die Initialzündung für die größte Friedensbewegung in der Geschichte der Bundesrepublik. Auch in der DDR bildeten sich vor allem unter dem Dach der Kirche staatsunabhängige Friedensinitiativen, die jedoch seitens der SED-Regierung nicht erwünscht waren und mit Hilfe des MfS bekämpft wurden. In der medialen Öffentlichkeit generierte sich Erich Honecker trotzdem als Friedensbringer, was nicht wenige Bürgerinnen und Bürger als Hohn empfan-

akg-images / picture-alliance / ZB / Ulrich Hässler, AKG5027738

Olof-Palme-Friedensmarsch: Unabhängige Friedensgruppen nehmen teil und äußern offen ihre Kritik, September 1987.

den, denn unter seiner Ägide war 1978 der Wehrkundeunterricht eingeführt worden. Hier lernten Schüler unter anderem das Werfen von Handgranaten, das Schießen und Exerzieren; für die Mädchen gab es Schulungen in Zivilverteidigung. Proteste seitens der Kirchen und Eingaben von entsetzten Eltern führten nicht zum Erfolg und die vormilitärische Ausbildung wurde erst während des Umbruchs 1989/90 ausgesetzt und schließlich abgeschafft.

Die SED-Regierung konnte die von ihr mit Argwohn beobachteten nichtstaatlichen Friedensinitiativen nicht einfach pauschal verbieten, da sonst die eigene Friedensrhetorik im In- und Ausland unglaubwürdig erschienen wäre. Stattdessen versuchte das Regime, das Thema für sich zu vereinnahmen. Dennoch gab es lediglich eine einzige Friedensdemonstration, an der sich auch unabhängige Friedensgruppen legal beteiligen durften: der Olof-Palme-Friedensmarsch in Gedenken an den in Stockholm erschossenen schwedischen Politiker und Friedensnobelpreisträger. Initiiert vom DDR-Friedensrat, der Deutschen Friedensgesellschaft/Vereinigte Kriegsdienstgegner (DFG/VK) der Bundesrepublik und dem Friedenskomitee der ČSSR fanden vom 1. bis 18. September 1987 an mehreren Orten in der DDR Aktivitäten statt, die ausnahmsweise einmal nicht ausschließlich staatlich organisiert und orchestriert waren. Die westdeutschen Kooperationspartner hatten darauf bestanden, den Bund der Evangelischen Kirchen in der DDR einzuladen, sich an der Aktion zu beteiligen. Dies führte wiederum dazu, dass in der Kirche aktive Friedensgruppen ebenfalls teilnehmen wollten. Eine Absage zu diesem Zeitpunkt – Erich Honecker weilte gerade erstmals in Bonn – wäre einer Blamage gleichgekommen, da die DDR-Medien die Veranstaltung längst groß angekündigt hatten.

Der Auftakt in Stralsund verlief weitestgehend wie geplant. Bei einem anschließenden Pilgermarsch von Ravensbrück nach Sachsenhausen, an dem circa 500 Menschen teilnahmen, waren dann jedoch Plakate zu sehen, die eigentlich als tabu geltende Themen offen ansprachen: Einzelne Teilnehmerinnen und Teilnehmer klagten über die Militarisierung der Gesellschaft und die staatliche Umweltpolitik, forderten einen zivilen Ersatzdienst für Wehrdienstverweigerer, die Abschaltung von Atomkraftwerken, die Vernichtung von Atomwaffen, die Abschaffung des Wehrkundeunterrichts, ein Ende der Vermittlung von Feindbildern in den Schulen sowie die Möglichkeit von freien Begegnungen zwischen Ost und West. Als die Pilgernden Oranienburg erreichten, gesellten sich 5.000 bestellte Demonstranten zu ihnen, die dafür sorgen sollten, dass die kritischen Plakate in der Masse untergehen. Trotz dieser Gegenmaßnahme erinnern viele ehemalige Mitglieder der DDR-Friedensbewegung den Marsch als euphorisierend. Ihre damalige Hoffnung, das Zulassen von kritischen Plakaten sei ein Zeichen für eine zaghafte Liberalisierung, wurde allerdings im November 1987 bereits wieder im Keim erstickt.

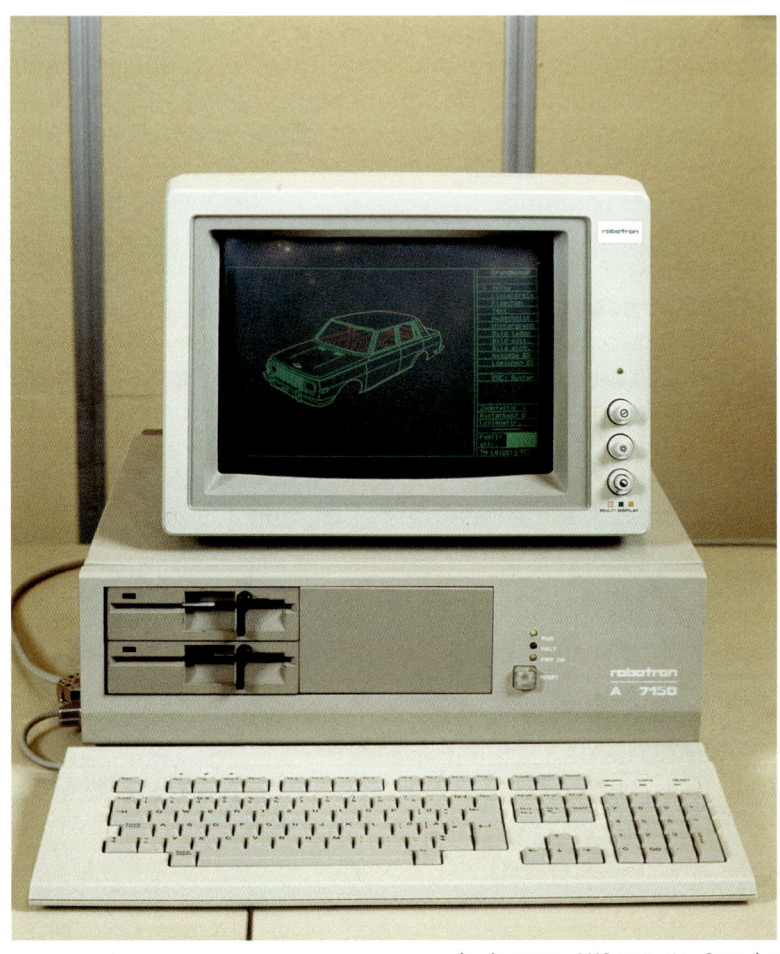

Robotron-Computer aus DDR-Produktion mit Bildschirm und Tastatur, Aufnahme von 1987.

April: Bits und Bytes (von Julia Gül Erdogan)

Für die Ost-Berliner Computerfreunde brachte der April gute Neuigkeiten: Der FDJ-Jugendclub in der Wilhelm-Pieck-Straße (heute Torstraße) öffnete nach einem längeren Umbau seine Pforten und bot nun ein „umfangreiches Arsenal an Rechentechnik". Anfänger konnten an Programmierkursen teilnehmen, für die Profis gab es unter anderem einen Computerclub sowie einen Softwaretauschmarkt.[16] Auch im Pionierpalast Ernst Thälmann existierten bereits 25 Arbeitsgemeinschaften, in deren Rahmen Kinder an die neue Technologie herangeführt wurden. Der „wohl wichtigste Wandel im kulturellen System der achtziger Jahre" hatte auch die DDR erreicht und war dabei, sich vor allem als neue „Kinder- und Jugendkultur" zu etablieren.[17]

Die Computerisierung vollzog sich dabei von oben und von unten, denn Computerclubs entstanden sowohl durch gezielte Bildungspolitik als auch durch private Initiativen. Bereits 1986 wurde ein Computerclub in Ost-Berlin ins Leben gerufen, der sich im Zweiwochen-Rhythmus im Haus der jungen Talente (HdjT) traf. Anders als bei den vielen anderen Computerclubs der DDR, standen hier den Teilnehmern ausschließlich Computer aus dem Westen zur Verfügung. Seit 1985 konnten solche Rechner im Intershop erworben werden, oft versorgte aber die Verwandtschaft aus der Bundesrepublik die jungen Interessenten. Besonders beliebt unter den Jugendlichen waren der Commodore 64 (C64) und der Atari.

---

16 Sabine Schulz, Tanz um den Computer, in: ND, 1. April 1987, S. 8.

17 Werner Faulstich, Die Anfänge einer neuen Kulturperiode: Der Computer und die Neuen Medien, in: ders. (Hg.), Die Kultur der achtziger Jahre, München 2005, S. 231–245, hier S. 231f. Siehe auch: Martin Schmitt/Julia Erdogan/Thomas Kasper/Janine Funke: Digitalgeschichte Deutschlands. Ein Forschungsbericht, in: Technikgeschichte 83 (2016) 1, S. 33–70.

Commodore 64, 1982.

Dem CoCom-Embargo zum Trotz, das den Export bestimmter Güter in sozialistische Länder verbot, wurde in der DDR viel Technologie aus dem Westen genutzt und in eigener Produktion nachgebaut. Zugleich wurde die eigene Entwicklung der Schlüsseltechnologie vorangetrieben. 16-Bit-Prozessoren, die bereits in den 1970er-Jahren in den USA entwickelt worden waren, vermochte die DDR jedoch erst in der zweiten Hälfte der 1980er-Jahre selbst zu produzieren. Die vom VEB Robotron entwickelten Computermodelle wurden außerdem nur in geringer Stückzahl hergestellt. Von 1984 bis 1989 wurden beispielsweise lediglich 30.000 Exemplare der KC-Serie und des Z9001 Modells der Firma Carl Zeiß gefertigt.[18] Bereits die Umbenennung der zunächst als Heimcomputer (HC) entwickelten Com-

---

18 Vgl. Klaus-Dieter Weise, Erzeugnislinie Heimcomputer, Kleincomputer und Bildungscomputer des VEB Kombinat Robotron, Dresden 2005, S. 13, online http://robotron.foerderverein-tsd. de/322/robotron322a.pdf (letzter Zugriff 10.12.2017).

putermodelle zu Beginn der 1980er-Jahre in Kleincomputer (KC) deutete an, dass sich die Computerisierung in der DDR schwierig gestaltete. Die Kleincomputer-Reihe KC wurde vornehmlich Betrieben und Bildungseinrichtungen zur Verfügung gestellt, sodass diese Geräte in Privathaushalten Raritäten blieben. Darüber hinaus wirkten sich die hohen Preise hemmend auf die Verbreitung von Computern aus: 1.550 Mark kostete beispielsweise der KC 85/1.10, der ab 1986 vertrieben wurde. Gleichwohl löteten sich begeisterte Bastler eigene Computermodelle zusammen, denn die Faszination für die neue Technologie reichte über die Anwendung zur Texterstellung und das Spielen hinaus. Zum Beispiel gab es den Amateurcomputer (AC 1), dessen Bauanleitungen über die Zeitschrift *Der Funkamateur* bezogen werden konnten. Die Bauteile für Computer waren jedoch schwer zu beschaffen, was der Begeisterung für die neuen Objekte allerdings keinen Abbruch tat. Computerenthusiasten tummelten sich in den Clubs um Fernsehbildschirme, die häufig zur graphischen Wiedergabe genutzt wurden, und blickten einander beim Programmieren und Spielen über die Schultern.

Neben den besonders gefragten Videospielen fesselte Amateure die Möglichkeit, eigene Programme zu erstellen und herauszufinden, zu was Computer alles in der Lage waren. Im Frühjahr 1987 rief die TU Dresden die erste „Programmier-Olympiade" aus. Von insgesamt 500 Bewerbern schafften es 50 in die Endauswahl, die im August in Berlin stattfand. Den ersten Platz belegte ein 26-jähriger Brandenburger. Sein Gewinn: ein Computer. Auch bei der *Messe der Meister von Morgen* gewann 1987 ein Computer-Projekt, das eine Software-Bibliothek in Dresden plante. Verschiedene Jugendclubs und Privatpersonen wollten diese Softwarebibliothek mit eigener Software unterstützen. All diese Programme sollten von Beginn an kostenlos zur Verfügung gestellt werden.[19]

---

19 Schreiben des Rats des Bezirks Dresden an das Ministerium für Kultur, 1.10.1987, in: BArch Lichterfelde DR1/51/15196.

Unschlagbar blieb das Interesse am Computer als Unterhaltungsmedium. Die Spiele machten trotz ihrer groben Pixel-Grafik einfach Spaß. Spiele aus dem Westen waren weit verbreitet und wurden fleißig kopiert und getauscht, ungeachtet der Bemühungen, gewaltfreie Klone der Computerspiele im Sinne der pazifistischen Ausrichtung der DDR zu verbreiten. Bereits am Polyplay-Automaten, der einzige Spiele-Automat, der in der DDR entwickelt wurde, wurde das erfolgreiche Spiel Pac-Man durch eine Jagd von Hase und Wolf adaptiert. Statt der gelben Scheibenfigur, die von Geistern gejagt wird, stellte die DDR-Variante einen Bezug zur Natur her: Hier musste der Hase sich beim Sammeln von Möhren vor Wölfen in Schutz nehmen. Da allerdings auch im Westen erfolgreiche Spiele ihre Nachahmer fanden[20], kann man nicht einfach von der Imitation erfolgreicher Westerzeugnisse durch den sozialistischen Staat sprechen. Die Bezeichnungen von Computertechnologie konnten im sozialistischen Staat, um Anglizismen zu vermeiden, anders ausfallen. So war ein „Joystick" hier als „Spielehebel" bekannt.

Die Staatssicherheit wusste von indizierten Spielen mit gewalttätigem Inhalt, die unter Computerspielern rege getauscht wurden, ging jedoch nicht dagegen vor. Letztlich sorgten diese Spiele doch dafür, dass sich Kinder und Jugendliche für Computer begeisterten. Überwacht wurden die Fans trotzdem, denn die neue Technologie bedeutete für den sozialistischen Staat eine Gratwanderung: Einerseits verband sich mit ihr das Versprechen von Wohlstand in der DDR und die Hoffnung, im Wettlauf mit der liberalen Marktwirtschaft Erfolge verzeichnen zu können. Andererseits barg der technologische Rückstand der DDR das Risiko, Sehnsüchte zu befördern, die ökonomisch nicht zu befriedigen waren. Auch sorgte die Computerbegeisterung für intensive Kontakte zwischen DDR und Bundesrepublik.

---

20 Jens Schröder, Auferstanden aus Platinen: die Kulturgeschichte der Computer- und Videospiele unter besonderer Berücksichtigung der ehemaligen DDR, Stuttgart 2010, S. 35f.

akg-images, AKG1519238, Thomas Bartilla

Polyplay, der einzige Videospielautomat der DDR, 1985.

akg-images, AKG239228, Straube

Auszubildende der Rundfunk- und Fernmelde- bzw. Fernsehtechnik Arnstadt am Computer in der Betriebsberufsschule, 1987.

Besonders problematisch war es für die Staatssicherheit, wenn über die Grenze hinweg Tauschbeziehungen entstanden, denn sie konnte die Inhalte der getauschten Programme nicht überprüfen.[21] Insofern waren Computerfans in der DDR zwar von der staatlichen Führung erwünscht, zugleich wurden sie aber auch als Risiko wahrgenommen. 1987 hatte der Siegeszug der Computer jedenfalls auch die DDR erreicht, was insbesondere die zahlreichen Angebote an Literatur und Einrichtungen im Bereich der forschenden Jugend aufzeigen.

---

21 Vgl. Erste Erkenntnisse der Nutzung privater Rechentechnik, April 1988, in: BStU, MfS, HA III, Nr. 16710, S. 24.

Mai: Sport frei!

Der eingangs beschriebene strenge Winter hatte auch den Süden Europas erreicht und sorgte beim Europapokal der Pokalsieger für einiges Chaos. Mehrfach mussten Spiele verschoben werden. Trotz der widrigen Umstände schaffte es zum dritten (und letzten) Mal ein DDR-Fußballclub ins Finale. Zuvor war das bereits dem *1. FC Magdeburg* gelungen, der 1974 im Endspiel gegen den *AC Mailand* gewann; 1981 unterlag der *FC Carl Zeiss Jena* in Düsseldorf *Dinamo Tiflis*. Sechs Jahre später standen sich im Finale in Athen der *1. FC Lokomotive Leipzig* und *Ajax Amsterdam* gegenüber. Aus Leipzig reisten 1.000 Fußballfans mit dem FDJ-Reisebüro *Jugendtourist* an, um ihre Mannschaft anzufeuern. Der Niederländer Johan Cruyff, einst selbst ein großer Spieler und nun erfolgreicher Trainer, gab sich im Vorfeld besorgt und betonte, „in Sachen Moral, Kondition, Kampfkraft sind die Leipziger meiner Ajax-Elf ganz sicher ebenbürtig".[22] Starke Nerven hatte *Lok Leipzig* schon zuvor bewiesen: In einem spannenden Elfmeter-Duell hatte der Club im ausverkauften Leipziger Zentralstadion vor über 100.000 Zuschauern gegen *Girondins Bordeaux* den Sieg davongetragen. Auch im westdeutschen Magazin *Der Spiegel* waren daraufhin anerkennende Worte zu lesen: Mit einer Mannschaft bestehend aus „selbstbewußten Individualisten" hätte es das „Paradepferd des DDR-Fußballs" weit gebracht: Die „lockeren Genossen" aus Leipzig seien „richtig freche Hunde", so das lobende Urteil des Managers von Werder Bremen, Willi Lemke.[23] Der Verweis auf die Individualität der Spieler war an dieser Stelle von

---

22 Bordeaux hat Finale nicht aus dem Blick verloren, in: ND, 21. April 1987, S. 6.
23 Freche Hunde, in: Der Spiegel, 20/1987, S. 224.

besonderer Bedeutung, denn bisher galt der übermäßige Fokus auf das Kollektiv als zentraler Grund für den geringen internationalen Erfolg des DDR-Fußballs. Zu altmodischer Spielstil, zu wenig Dynamik – so lautete zumeist das Urteil im Ausland. Insbesondere die häufigen Misserfolge der DDR-Nationalelf, die 1986 in der Qualifikationsrunde zur Weltmeisterschaft mal wieder ausgeschieden war, hatten die *Berliner Zeitung* dazu veranlasst, gemeinsam mit der Kreisleitung Marzahn des Kulturbundes zu einem Gespräch über „Das Auf und Ab im Fußball" einzuladen. So trafen sich am Abend des 10. November 1986 die DDR-Auswahltrainer Bernd Stange und Harald Irmscher, der Kapitän des *BFC Dynamo* Frank Rohde, der Trainer von *Rotation Berlin*, Werner Schwenzfeier, und der Leiter der Sportredaktion der *Berliner Zeitung*, Wolfgang Hartwig, zum öffentlichen Austausch in der Fontane-Bibliothek inmitten des Neubaugebiets Marzahn. Das Interesse war enorm: Über 400 Gäste kamen, um an der Debatte teilzunehmen. Die neben der Bibliothek gelegene Gaststätte *Uckermärker Krug* half spontan aus und stellte ihren großen Saal zur Verfügung. Bernd Stange begeisterte die Anwesenden mit einer sehr kritischen Analyse des DDR-Fußballs, der aufgrund der politisch gewollten Konzentration auf die olympischen Sportarten stets hintenanstünde.[24]

Der Erfolg von *Lok Leipzig* beim Europapokal 1987 war deshalb Balsam für die geschundenen Seelen der DDR-Fußballfans. Trainer Hans-Ulrich Thomale wurde auch in der Bundesrepublik als besonders ehrgeizig und innovativ wahrgenommen. Am 13. Mai 1987 unterlag seine Mannschaft aber in Athen in einem aufregenden Spiel 0:1 vor über 35.000 Zuschauern. Einen Monat später konnten die Leipziger sich allerdings wieder über einen Sieg freuen: Im Berliner Stadion der Weltjugend erzielten sie im Finale des FDGB-Pokals ein 4:1 gegen Hansa Rostock. Der Rest des Jahres brachte indes mehr schlechte als gute Nachrichten für den DDR-Fußball, was die FDJ-Tageszeitung *Junge Welt* am 1. Okto-

---

24 Wolfgang Hartwig, Fan-Gedränge im Krug, in: Berliner Zeitung, 12. November 1986, S. 6.

Finale Europapokal der Pokalsieger: Ajax Amsterdam – Lokomotive Leipzig 1:0, 1987.

ber 1987 dazu veranlasste, eine leere Kommentarspalte zu veröffentlichen. Drei DDR-Mannschaften waren aus wichtigen europäischen Fußballturnieren ausgeschieden und den Sportjournalisten fehlten buchstäblich die Worte. Das nicht bedruckte weiße Feld auf der Sportseite „schlug Wellen und war vielerorts Tagesthema". Der „freche Nicht-Kommentar" überraschte und spiegelte auch die Sprachlosigkeit und Verzweiflung vieler Fußballfreunde: „Was zwischen Rostock und Suhl nach Weltspitze aussah, verkam in Vergleichen mit Bordeaux, Rom, Barcelona, London oder Uerdingen zur Provinzposse. [...] Das ‚Sportwunderland DDR' nahm es in vielen Disziplinen stabsplanmäßig mit den Großen der Welt auf, aber ausgerechnet im größten und beliebtesten Volkssport Europas rangierte die DDR auf mittelmäßigen Plätzen."[25]

25 Ilko-Sascha Kowalczuk, Endspiel: Die Revolution von 1989 in der DDR, 2. Aufl., München 2009, S. 22f.

Auf anderen Gebieten war man deutlich erfolgreicher: Kurz nachdem die DDR-Fußballer in Athen verloren hatten, siegten die Radsportler in Warschau. Am 23. Mai 1987 endete die 40. Internationale Friedensfahrt, das östliche Pendant zur *Tour de France*. Uwe Ampler sicherte der DDR den zehnten Erfolg im Einzelklassement, die sechsköpfige Mannschaft sorgte für den neunten Sieg im Kampf um die Blauen Trikots. Im November 1987 begann dann das Finale eines Turniers, das der DDR noch eine Bronze-Medaille einbrachte, als es sie längst nicht mehr gab: Die DDR-Nationalmannschaft gewann 1995 die zehnte Fernschach-Olympiade. Der erste und der vierte Platz gingen ebenfalls an nicht mehr existente Teilnehmer, nämlich an die Sowjetunion und die ČSSR.

Am 27. Juli 1987 versammelten sich circa 200.000 Menschen aus der ganzen DDR auf dem Karl-Marx-Platz (heute Augustusplatz) in Leipzig, um das VIII. Turn- und Sportfest und die XI. Kinder- und Jugendspartakiade zu eröffnen. Das Fest stand in der Tradition des *Deutschen Arbeiter-Turn- und Sportfestes*, organisiert durch den *Arbeiter-Turn- und Sportbund*. Der Bund hatte sich Ende des 19. Jahrhunderts in Abgrenzung zu den oftmals deutschnational und teils auch völkisch geprägten Turnvereinen gegründet, in denen Arbeiter selten willkommen waren, und zählte Mitte der 1920er-Jahre über eine halbe Million Mitglieder.

Auch die parallel zum Turn- und Sportfest durchgeführte Kinder- und Jugendspartakiade blickte auf eine längere Tradition zurück. Die erste landesweite DDR-Spartakiade fand 1965/66 statt. Sie diente der Popularisierung des Breitensports sowie als Talentschau für den Leistungssport. Organisiert durch den Deutschen Turn- und Sportbund (DTSB), die Gesellschaft für Sport und Technik (GST), die FDJ sowie die Pionierorganisationen, orientierten sich die einzelnen Wettkampfdisziplinen und auch das Zeremoniell an den Olympischen Spielen – beziehungsweise an der sowjetischen Variante, der Spartakiade der Völker der UdSSR. Die Teilnehmerinnen und Teilnehmer mussten sich zuerst beim Sportfest der eigenen Schule, dann auf

Die Sieger des Prologs der Jubiläums-Friedensfahrt werden in der Ost-Berliner Karl-Marx-Allee gekürt, 8. Mai 1987.

Kreis- und schließlich auf Bezirksebene beweisen, um sich für die landesweiten Sommer- und Winterspiele zu qualifizieren. Das bunte und fröhliche Bild des Leipziger Sport-Spektakels wurde 1987 durch einzelne Vorfälle am Rande getrübt, wie ein schockierter Teilnehmer und Informant anschließend dem MfS berichtete: Bereits bei der Eröffnungsfeier sei den Besuchern aus der Hauptstadt deutlich gemacht worden, dass sie nicht willkommen sind. Als die Berliner Delegation begrüßt werden sollte, sei ein „fürchterliches Pfeifkonzert" ausgebrochen und auch in den folgenden Tagen seien Berliner Jugendliche „angefeindet und teilweise im übelsten Sinne angepöbelt" worden. Kinder, die Einheimische nach dem Weg gefragt hätten, seien „bewußt in die falsche Richtung gelenkt" worden, „damit sie zu spät zum Wettkampf kämen". In Geschäften habe man sich geweigert, Kundschaft aus Berlin zu bedienen und dem Leiter des Büros der SV Dynamo Berlin sowie dem Vizepräsidenten des DTSB seien die Autos demoliert worden. Wenn man das Gespräch gesucht habe, sei als Begründung für das feindselige Verhalten immer wieder vorgetragen worden, dass es nichts Persönliches sei, sondern dass Partei und Regierung die „Bezirke der Republik zugunsten Berlins zu stark vernachlässigten" und man darauf habe hinweisen wollen: „Auf einen Nenner gebracht kann man sagen, daß es ein zehntausendfaches Mißfallen gegenüber der bestätigten, vom XI. Parteitag einstimmig beschlossenen Parteipolitik, bei der Eröffnungsveranstaltung gegeben hat."[26] Da der XI. Parteitag 1986 eigentlich keine großen Veränderungen mit sich gebracht hatte, verwundert dieser Satz in dem Bericht des Informanten. Wer auch immer den Verweis auf den Parteitag eingebracht hatte, nutzte das Medium des Berichts, um umfassende Kritik anzubringen.

Denn was hatte der XI. Parteitag eigentlich mit Berlin zu tun? Erich Honecker hatte zu diesem Anlass verkündet, dass in

---

26 Bericht eines Informanten über das VIII. Turn- und Sportfest in Leipzig 1987, 18. August 1987, in: BStU, MfS, HA XX, Nr. 1833, Bl. 295–297.

der Hauptstadt „die großen politischen, sozialen und ökonomischen Errungenschaften" der DDR bezeugen müssten, dass
der Sozialismus „die Zukunft der Menschheit repräsentiert".[27]
Eine kurz darauf vom Zentralinstitut für Jugendforschung erstellte Studie machte deutlich, dass diese Pläne bei Jugendlichen nicht auf Begeisterung stießen: 35 Prozent der 3.755
Befragten maßen dem Beschluss mittlere und 42 Prozent eine
geringe bis gar keine Bedeutung bei.[28] Sie hatten genug davon, dass die Hauptstadt aufgrund ihrer Funktion als „Schau-
fenster des Ostens" stets mit besonderer Aufmerksamkeit und
deutlich mehr Ressourcen bedacht wurde. Im Jahr des großen
Stadtjubiläums nahm diese Tendenz noch zu und sorgte deshalb für Missmut – was in Leipzig deutlich zum Ausdruck kam.

Anfangs war noch sanft protestiert worden: Bei einem Fuß-
ballspiel von *Dynamo Berlin* und *Dynamo Dresden* entrollten
sächsische Fußballfreunde ein Transparent mit der Aufschrift
„781 Jahre Dresden". Auch als Autoaufkleber und Graffiti war
dieser Hinweis auf das ältere Gründungsdatum der Elbmetro-
pole immer öfter zu lesen. Andere Städte wussten dies noch zu
überbieten: Schon bald las man auch „821 Jahre Leipzig" und
„1026 Jahre Halle". Über das Jahr wurden die Proteste immer
handfester. Besucher aus der Hauptstadt wurden in Geschäften und Gaststätten nicht bedient, Autos mit Berliner Kennzei-
chen wurden zerkratzt und bemalt, vereinzelt wurden gar die
Reifen zerstochen oder gestohlen.[29] Verhindern ließen sich
die Festlichkeiten zum Berliner Jubiläum dadurch nicht, denn
auch das MfS hatte sich akribisch vorbereitet.[30]

---

27 Berlin – leistungsstarke und reizvolle Weltstadt, in: ND, 18. April 1986, S. 12.
28 Peter Förster/Günter Roski, Die Jugend und der XI. Parteitag der SED. Schnellinformation,
    Leipzig 1986, S. 95.
29 Berlin und Suhl, in: Der Spiegel, 34/1987, S. 37f.
30 Vgl. hierzu: Leiter der HA XIX: Maßnahmenplan zur politisch-operativen Sicherung der Vor-
    bereitung und Durchführung von Veranstaltungen aus Anlaß des 750jährigen Bestehens von
    Berlin, 17. Februar 1987, in: BStU, MfS, HA XIX, Nr. 4821, Bl. 1–11; Leiter der Abteilung XXII:
    Maßnahmenplan zur politisch-operativen Sicherung der Vorbereitung und Durchführung der
    Veranstaltungen und Aktivitäten aus Anlaß des 750jährigen Bestehens von Berlin, 3. März
    1987, in: BStU, MfS, HA XXII, Nr. 17762, Bl. 37–41.

akg-images / picture-alliance / Chris Hoffman, AKG2775500

Fans vor dem Reichstag in West-Berlin beim Konzert von David Bowie. Auch im Ostteil der Stadt versammeln sich Jugendliche, um das Konzert zu hören, bis sie von Polizisten zurückgedrängt werden, Juni 1987.

Juni: Geteilter Geburtstag – 750 Jahre Berlin

Am ersten Juni-Wochenende zwischen dem 6. und 8. Juni 1987 wurde deutlich, dass die Feierlichkeiten anlässlich des 750. Berliner Stadtjubiläums sich nicht so säuberlich nach Ost und West trennen ließen, wie es sich die DDR-Regierung erhofft hatte. Jenseits der Mauer, gleich hinter dem Brandenburg Tor, traten an diesem Wochenende mehrere Stars beim großen *Concert for Berlin* auf: David Bowie, die Eurythmics, Genesis und andere namhafte Künstler spielten vor dem Reichstagsgebäude vor Zehntausenden Zuschauern. Auch auf der östlichen Seite des Tors versammelten sich am ersten Tag Hunderte und am zweiten Tag über Tausend Musikfans, um den Bands zu lauschen. Schon am Nachmittag des 7. Juni, ein Pfingstsonntag, floss nicht wenig Alkohol. Die Stimmung war ausgelassen, dennoch lag auch eine gewisse Spannung in der Luft. Mitarbeiter des MfS und westliche Kamerateams filmten sich gegenseitig. Die Musikfreunde warteten hinter den Absperrungen geduldig auf den Beginn des Konzertes. Im Sonnenuntergang waren dann endlich die ersten Klänge von drüben zu vernehmen. Immer mehr junge Menschen strömten die Straße Unter den Linden entlang in Richtung Mauer. Als die Staatsmacht in den Abendstunden verstärkt Präsenz zeigte und schließlich versuchte, die Menge mit Gewalt auseinanderzutreiben und in Richtung Marx-Engels-Platz zurückzudrängen, riefen die jungen Menschen in Chören: „Die Mauer muss weg!" und „Gorbi, Gorbi". Am ersten Abend waren lediglich vier Jugendliche festgenommen worden, nun waren es 34 Personen. Die abschreckende Wirkung der Maßnahmen der Sicherheitsorgane war begrenzt, denn es versammelten sich am dritten

Abend trotzdem über 2.000 Menschen Unter den Linden. Mit Sperrketten wurde die Menge geteilt. Angeblich – so die Behauptung in einem MfS-Bericht – hätten Einzelne „Flaschen, Büchsen, Steine und andere Gegenstände sowie pyrotechnische Erzeugnisse" in Richtung der Sicherheitskräfte geworfen. Zudem seien Volkspolizisten „angespuckt" und einigen die „Mützen von den Köpfen gerissen" worden. In dieser dritten Nacht wurden 120 Personen verhaftet.[31]

In der DDR wurden die Ereignisse in den nächsten Tag intensiv diskutiert. Einige glaubten, West-Berlin habe den Vorfall provoziert. Wer teilgenommen hatte, betonte hingegen, die Gewalt sei von der Volkspolizei ausgegangen. Manche werteten die Unruhen als symptomatisch für die Unzufriedenheit der Menschen, andere klagten über die ungezogene und undankbare Jugend. Einig war man sich lediglich dahingehend, dass das Schweigen der DDR-Medien nicht zu akzeptieren sei. Die DDR-Nachrichtenagentur ADN hatte zunächst behauptet, bei den Berichten handle es sich um „Schauermärchen" und „Hirngespinste": In der Hauptstadt der DDR würden keine „Kreuzberger Verhältnisse" herrschen, weshalb von Ausschreitungen „überhaupt keine Rede sein" könne.[32] Erst nach Tagen erfolgte ein knapper Bericht, der die Vorfälle aber noch immer weitestgehend leugnete: Es habe „keine gewaltsamen Zusammenstöße mit den jungen Anhängern der Rockmusik gegeben", die Polizei habe lediglich „einzelne Ruhestörer und Randalierer [...] festgestellt".[33] Wer zuvor die Bilder in den westlichen Nachrichten gesehen hatte, erachtete diese Meldung nur als einen weiteren Beweis für die unzulängliche und nicht wahrheitsgemäße Berichterstattung der DDR-Medien. Um festzuhalten, was tatsächlich vorgefallen war, sammelten Mitglieder der Berliner Umweltbibliothek mehrere Augenzeugenbe-

---

31 Bericht über Ereignisse am 6., 7. und 8. Juni 1987 im Zusammenhang mit Rock-Konzerten in Berlin (West) und Schlußfolgerungen, in: BStU, MfS, HA IX, Nr. 9181, Bl. 123–135.

32 ADN bestreitet Zusammenstöße in Ost-Berlin, in: BStU, MfS, HA IX, Nr. 9181, Bl. 180f.

33 Entstellende Berichte der BRD-Medien zurückgewiesen, in: ND, 11. Juni 1987, S. 2.

richte und fassten sie zu einer kleinen Broschüre zusammen, die sie heimlich verteilten. Es war der Versuch, trotz des staatlichen Nachrichtenmonopols eine kritische Gegenöffentlichkeit herzustellen.

Für die DDR-Sicherheitsorgane stand außer Frage, bei wem die Schuld lag: Die Ansammlung am Brandenburger Tor hätten „westliche Kreise bewußt organisiert", indem sie Jugendliche mit einem „dekadenten Äußeren" gezielt „durch entsprechende Meldungen in Funk und Fernsehen des Westens" aufgehetzt hätten.[34] Die Betroffenen sahen dies anders. Der Ost-Berliner Stadtjugendpfarrer Wolfram Hülsemann schrieb als empörter Vater einer am Brandenburger Tor festgenommenen Tochter an Innenminister Friedrich Dickel, dass die jungen Musikfans sicherlich von „einigen Heißspornen angeheizt" wurden, die Polizei es aber nicht vermocht habe zu differenzieren: „Man schlug, trat und schleifte ohne Unterschiede. [...] Dies darf sich in unserem Land nicht wiederholen! Wir dürfen nicht zulassen, dass sich bei Jugendlichen zwanghaft Analogien zu Vorgängen beim Nachbarn und aus der jüngeren deutschen Geschichte einstellen."[35]

Doch zurück zum Anfang, zum Auslöser dieser Konflikte. Das doppelte Berliner Stadtjubiläum sorgte 1987 in Ost wie West nicht nur für Freude, sondern auch für viel Kritik. Anfang des Jahres hatte das westdeutsche Magazin *Der Spiegel* geklagt: „Den Berlinern bleibt auch nichts erspart. Was mußten sie in der kurzen Geschichte ihrer Stadt schon alles durchmachen – die Pest und die Cholera hatten sie, die Hohenzollern, die Nazis, die Russen, die Mauer. Und nun auch noch das: ein obskures Jubiläum."[36] Der Verfasser klagte über Geltungsdrang auf beiden Seiten der Mauer: „[...] in dieser Großspurigkeit

---

34 Bericht über Ereignisse am 6., 7. und 8. Juni 1987 im Zusammenhang mit Rock-Konzerten in Berlin (West) und Schlußfolgerungen, in: BStU, MfS, HA IX, Nr. 9181, Zitate Bl. 128 und 132.

35 Wolfram Hülsemann an das Ministerium des Inneren, 22. Juni 1987, in: BStU, MfS, HA VII, Nr. 3.015.

36 Hier und im Folgenden: Karl Heinz Krüger, „Wat de kriegen kannst, det nimmste", in: Der Spiegel, 2/1987, S. 54–66.

sind sich, Berlin bleibt doch Berlin, die Brüder diesseits und jenseits einig. Sie machen ihre Dreiviertel-Jahrtausend-Feier zum doppelten, alle Grenzen und Zeitläufe übergreifenden ‚Ereignis'." Neben verschwendeten Geldern, einer dubiosen Datierung und dem unschönen historischen Vorbild – 1937 war zum ersten und letzten Mal groß gefeiert worden – prangerte der Autor vor allem die ambitionierten Bauaktivitäten in beiden Teilen der Stadt an. Der Artikel schloss mit Worten, die fast wie eine Drohung klangen: Den Ost- und West-Berlinern bleibe nichts Anderes übrig, als „die Feste [zu] feiern, wie sie fallen, und sie fallen Schlag auf Schlag. Für 1988 hat die Europäische Gemeinschaft West-Berlin zur ‚Kulturstadt Europas' ausgerufen [...]. 1989 ist Ost-Berlin ausgebucht. Die vierte Null der DDR steht an." Dass der Republikgeburtstag nicht das städtische Highlight des Jahres 1989 werden würde, war 1987 natürlich noch nicht absehbar.

Erst einmal wurden dem Hauptstadt-Geburtstag, so eine Bestandsaufnahme des Ministerrats, insgesamt 2.200 Veranstaltungen gewidmet – unter anderem „83 massenpolitische Großveranstaltungen", ein „vielseitiges Kulturprogramm", aber auch „154 Konferenzen und Tagungen, 331 Ausstellungen, 67 Neuinszenierungen in den Theatern, Volksfeste (...) sowie 749 internationale Gastspiele von Orchestern, Solisten und Ensembles". Hinzu kamen 247 Publikationen, wovon 174 Erstauflagen waren. Die Betriebe und Kombinate der DDR steuerten 856 Souvenirs und „Spitzenerzeugnisse" bei, größtenteils „Neu- und Weiterentwicklungen mit hohem Gebrauchswert und typisch Berliner Colorit". Darüber hinaus wurde den „baulichen und denkmalpflegerischen Leistungen" ein hoher Stellenwert beigemessen.[37] Von besonderer Bedeutung war der Wiederaufbau des Nikolaiviertels, des historischen Stadtkerns von Berlin. Ende der 1960er-Jahre

---

37 20. Sitzung des Ministerrats vom 29. Januar 1987, Anlage I: Information über den Stand der Verwirklichung des Programms zum 750. Jahrestag von Berlin, in: BArch, DC 20-I/3/2429, 1986–1989, Bd. 3, S. 68ff.

hatte man noch davon geträumt, die Ruine der Nikolaikirche zu einem modernen Museum der Stadt Berlin aus- und umzubauen. Eine Gruppe von Architekten schlug vor, die Reste des Viertels abzureißen und ein Raumflugplanetarium neben die Kirche zu setzen, um den Triumf der Wissenschaft über die Religion auch städtebaulich zu demonstrieren und somit den Fortschritt der Menschheit zu zelebrieren. Erst ab Mitte der 1970er-Jahre begannen erste Gespräche über den historischen Wert der im Krieg zerstörten Altstadt; 1980 beschloss das Politbüro, Teile des Nikolaiviertels wiederaufzubauen. Zwei Argumente überzeugten schließlich die Planungsverantwortlichen, das gesamte Areal im neo-historischen Stil zu gestalten: Zum einen würde eine rekonstruierte Altstadt verstärkt Touristen anlocken, zum anderen würde sie den modern gestalteten Alexanderplatz komplementieren. Als Ergebnis entstand ein großes Vergnügungsareal mit restaurierten und rekonstruierten Gebäuden sowie Plattenbauten mit historisierenden Gestaltungselementen. „Honeckers Disneyland", wie einige unkten, steht seit 2018 als „das prominenteste Beispiel einer veränderten Baupolitik der DDR" und Zeichen der „Rückbesinnung auf die urbanen Qualitäten gewachsener Stadtteile" unter Denkmalschutz.[38]

Von so viel Opulenz träumte man andernorts in der Republik. Vor allem vermutlich in Gera, wo 1987 ebenfalls der 750. Stadtgeburtstag gefeiert wurde. Dem Berliner Jubiläum wurde von den staatlichen Organisatoren größere Bedeutung beigemessen. Die Planungen hatten bereits um 1980 begonnen; ein 169-köpfiges Komitee unter der Leitung von Erich Honecker beschäftigte sich mit der Vorbereitung des großen Festjahres. Etwas über ein Jahr vor dem großen Jubiläum, im Dezember 1985, waren von Historikern verfasste „Thesen" veröffentlicht worden, die eine einheitliche Erzählung der Stadtgeschichte gewährleis-

---

38 Nikolaiviertel unter Denkmalschutz, Pressemitteilung der Berliner Senatsverwaltung für Kultur und Europa, 18.1.2018, Online unter: https://www.berlin.de/sen/kulteu/aktuelles/pressemitteilungen/2018/pressemitteilung.666989.php (letzter Zugriff: 14.5.2018).

ullstein bild, 05205525, Leber
750-Jahr-Feier in Ost-Berlin, Festumzug am Alexanderplatz, 1987.

ten sollten. Das man den großen Geburtstag allein und nicht gemeinsam mit der westlichen Stadthälfte feiern würde, war allen Beteiligten klar. Demnach gab es 1987 im doppelten Berlin vieles zweifach, zum Beispiel zwei Radrennen, zwei Bauausstellungen und zwei Feste auf dem Wasser. Somit bezogen sich die beiden Stadthälften in der Abgrenzung stets aufeinander.

Den Höhepunkt der Ost-Berliner Feierlichkeiten bildete ein historischer Festumzug am Nachmittag des 4. Juli, denn im Gewand eines solchen Volksfestes lassen „sich politische Werte vermitteln: emotionale Bindungen, Freund-Feind-Bilder, Gemeinschaftserfahrungen und die Verortung in der Geschichte".[39] In insgesamt 291 Bildfolgen zu 44 ausgewählten Themen wurden Vorgeschichte, Entstehung und Entwicklung der DDR

---

39 Krijn Thijs, Feierkonkurrenz im geteilten Berlin. Zur 700-Jahrfeier 1937 und zur 750-Jahrfeier 1987, in: Martin Sabrow (Hg.), Historische Jubiläen, Helmstedter Colloquien Bd. 17, Leipzig 2015, S. 25–42, hier S. 25.

ullstein bild, 05310681, Leber
750-Jahr-Feier in Ost-Berlin, Festumzug am Alexanderplatz, 1987.

und ihrer Hauptstadt getreu der marxistischen Geschichtsauffassung erzählt. Die Existenz der westlichen Stadthälfte wurde dabei ausgespart. Der Zug bestand aus 43.000 Mitwirkenden aus allen Teilen der Republik, 375 Orchestern, 760 Pferden, 1.000 weiteren Tieren sowie 924 Fahrzeugen und war insgesamt 10.580 Meter lang. Fünf Stunden dauerte es, bis er sich von Unter den Linden über die Karl-Liebknecht-Straße, den Alexanderplatz und die Karl-Marx-Allee bis zum Strausberger Platz bewegt hatte. Hunderttausende Zuschauer säumten die Strecke. Zu sehen bekamen sie zahlreiche historische Motive, aber auch Wagen zu Wissenschaft und Produktion, zu Kunst und Kultur. Hinzu kamen Darbietungen aus den Bezirken, die unter dem Motto „Die Republik grüßt ihre Hauptstadt" zum einen Traditionelles, zum anderen aber auch eine Art Leistungsschau präsentieren: Spitze aus Plauen, Textilmaschinen aus Karl-Marx-Stadt, Pilsner aus Wernesgrün und Köstritzer Schwarzbier, Porzellan aus Kahla und Meißen, Modedruck aus

Gera, Christstollen und Robotron-Computer aus Dresden, Bücher aus Leipzig, Stahl aus Eisenhüttenstadt, Spielzeug aus Sonneberg und vieles mehr wurde stolz gezeigt.

Die Staats- und Parteiführung feierte ausgelassen auf der Ehrentribüne und amüsierte sich allem Anschein nach prächtig. Nur für ein paar Minuten wurde die Heiterkeit jäh unterbrochen. Das Gesicht von Erich Honecker gefror zur steinernen Maske. Vorbei zog eine schwarze Kiste mit der Aufschrift „1933–1945", den Namen zahlreicher NS-Konzentrationslager und der Anklage „50 Millionen Tote – Blutkonto des Faschismus". Hinter dem Wagen liefen in gestreifte KZ-Anzüge gekleidete Darsteller. „Die Moorsoldaten" ertönten, ein 1933 von politischen Häftlingen geschriebenes Lied, die im KZ Börgermoor im Emsland interniert waren. Schnell erlangte es internationale Bekanntheit und wurde auch von den Internationalen Brigaden im Spanischen Bürgerkrieg gesungen. Getreu dem Geschichtsbild der SED stand der opferreiche Kampf der Kommunisten und nicht der Völkermord an den europäischen Juden im Mittelpunkt der Inszenierung der NS-Zeit auf dem Festumzug.

Die Bilder des DDR-Fernsehens erwecken den Anschein, als wurde der Staatsratsvorsitzende plötzlich von Erinnerungen heimgesucht. Er wirkt zutiefst berührt, als er mit verkniffenen Lippen die Faust zum Gruß in die Luft reckt. In seinen verbissen-kämpferischen Gesichtszügen wurden ein ganzes Weltbild und sein persönliches kulturelles Gepäck deutlich. Honecker gehörte der „Generation der misstrauischen Patriarchen" an. Sie, die Gründerväter der DDR, stellten einerseits aufgrund ihres besonderen Erfahrungshintergrunds eine „isolierte Minderheit" dar, waren aber zugleich politisch wie kulturell dominant.[40] Ihre soziale Prägung hatten sie in der

---

40 Thomas Ahbe/Rainer Gries, Gesellschaftsgeschichte als Generationengeschichte. Theoretische und methodische Überlegungen am Beispiel der DDR, in: dies./Annegret Schüle (Hg.), Die DDR aus generationengeschichtlicher Perspektive. Eine Inventur, Leipzig 2006, S. 475–571, hier S. 492–502.

Zwischenkriegszeit erfahren. Wie auch viele andere ihrer Generation, durchlebten sie eine Kindheit und Jugend gekennzeichnet von Leid und Not und wurden von der „Härte und Gewalthaftigkeit der politischen Auseinandersetzung samt ihrem Lagerdenken" in Zeiten der Weimarer Republik geprägt. Sie erlitten die brutale Verfolgung des NS-Regimes, überstanden stalinistische Parteisäuberungen und folgten wechselnden politischen Linien ohne sichtbar zu zögern. Nach 1945 motivierte sie der „Wille zur radikalen und rücksichtslosen Umgestaltung der überkommenen Verhältnisse", doch die Fähigkeit zu vertrauen, hatten viele verloren. Deshalb versuchten sie in den Anfangsjahren der DDR, „mit einer bis zum Hass reichenden Politik der Unversöhnlichkeit ihr neues Deutschland zu erbauen" und begegneten später dem Wunsch nach Reformen oder gar der Vorstellung eines freiwilligen Abdankens „verständnislos und ablehnend".[41] Die Geschichte diente ihnen stets zur Rechtfertigung und Legitimation ihres Handelns, nun zog sie in Form von aufwändig dekorierten Themenwagen an der Ehrentribüne vorbei und die SED-Führung zelebrierte ihren Triumph.

Um möglichst ungestört genießen zu können, waren einzelne Personen aus lokalen Oppositionsgruppen während des Umzugs unter „operative Beobachtung" gestellt worden.[42] Das MfS war ein „wichtiger, wenn auch nicht sichtbarer Bestandteil der Feiern und ihrer Vorbereitungen" und hatte für einen reibungslosen Ablauf zu sorgen.[43] Als „Gemischtwarenkonzern in Sachen Sicherheit"[44] beschäftigte es sich 1987 mit allem, was die große Berlin-Show stören könnte – von potentiell zu

---

41 Martin Sabrow, Der führende Repräsentant. Erich Honecker in generationsbiographischer Perspektive, in: Zeithistorische Forschungen/Studies in Contemporary History, 10 (2013) 1, S. 61–88, hier S. 70.
42 HA VIII, Operatives Leitzentrum: Aufträge zur operativen Beobachtung zur Sicherung des historischen Festumzuges und des Historischen Marktes anlässlich der 750-Jahr-Feier, 3. Juli 1987, in: BStU, MfS, HA VIII, Nr. 6.432.
43 Jens Schöne, Stabilität und Niedergang. Ost-Berlin im Jahr 1987, 6. Aufl., Berlin 2012, S. 17.
44 Jens Gieseke, Die Stasi 1945–1990, München 2011, S. 19.

Evangelischer Kirchentag: Abschlussveranstaltung im Stadion „Alte Försterei" in Berlin-Köpenick, 28. Juni 1987.

Unmut führenden Verzögerungen auf den Baustellen der Berliner Neubausiedlungen über die Feierlichkeiten in West-Berlin und der dortigen Thematisierung des Verhältnisses zu Ost-Berlin bis hin zur Überwachung von als „feindlich" deklarierter Menschen im eigenen Land. Der Wunsch nach allumfassender Kontrolle sorgte schließlich sogar dafür, dass auf jedem Wagen des historischen Festumzuges ein Mitarbeiter der Sicherheitsorgane platziert werden sollte, denn es wurde befürchtet, ein Darsteller könnte unter seinem Kostüm kritische Schriften verstecken und zu verteilen versuchen.[45]

Eine weitere Veranstaltung, die bei den zuständigen MfS-Mitarbeitern ebenfalls für hektische Betriebsamkeit sorgte, war der Kirchentag der Evangelischen Kirche in Berlin-Bran-

---

45   Vgl. Schöne, Stabilität und Niedergang, S. 27f.

denburg. Er fand kurz vor dem Festumzug zwischen dem 24. und 28. Juni 1987 statt. Parallel organisierten verschiedene kirchliche Basisgruppen einen „Kirchentag von Unten" – aus Ärger über die Staatsnähe der Kirche und um über aktuelle Themen diskutieren zu können, die das offizielle Programm ignorierte. Die lokale Kirchenleitung war wenig begeistert, lenkte aber schließlich ein und stellte Räumlichkeiten in der Pfingstgemeinde in Berlin-Friedrichshain zur Verfügung. Während des Kirchentages kamen einige Tausend Menschen, um sich über die Arbeit der Gruppen zu informieren, sich auszutauschen oder Vorträgen und Konzerten zu lauschen. Aufgrund der positiven Resonanz gründeten die Organisatoren anschließend die Kirche von Unten (KVU), die schnell zu einer wichtigen Anlaufstelle für kritische junge Menschen wurde. Sie arbeitete eng mit der Umweltbibliothek in der Zionskirche zusammen.

Dort hatte Ende Mai 1987 eine Ausstellung eröffnet, die ebenfalls durch das Berlin-Jubiläum inspiriert war und Fotos zeigte, die in der DDR eigentlich nicht zu sehen sein sollten. Die Bilder von Harald Hauswald widmeten sich in Schwarz-Weiß der melancholischen Tristesse der städtischen Altbau-Viertel, deren graue Fassaden das bunte Leben dahinter nur erahnen lassen. Die DDR-Behörden beklagten: „Unverkennbar ist es die Absicht, ein der realen Darstellung Berlins als Hauptstadt der DDR entgegen gesetztes Bild zu zeichnen."[46] Diese Erkenntnis war durchaus zutreffend, doch daran, was „real" ist, schieden sich Ende der 1980er-Jahre die Geister. Der abschließende Bericht zum Jubiläumsjahr für das Politbüro blendete allerdings jegliche Unstimmigkeiten aus: Die gestellten Aufgaben „wurden voll erfüllt", die Festivitäten hätten „eindrucksvoll die feste Verbundenheit der Bürger mit unserer Hauptstadt" demonstriert, das „internationale Ansehen Berlins" sei „weiter gewachsen" und das Jubiläum habe „weit über die Grenzen unseres Landes hinaus von

---

46 Ilko-Sascha Kowalczuk, Ein Buch und seine Geschichte. Erinnerungen und Akteneinsichten, in: Harald Hauswald/Lutz Rathenow, Ost-Berlin. Leben vor dem Mauerfall, Berlin 2005, S. 25.

750-Jahr-Feier in Ost-Berlin, 1987.

den Werten und Vorzügen des Sozialismus" gekündet. Der historische Festumzug sei dabei „ein überzeugender und bewegender Ausdruck der Einheit zwischen Partei und Volk" sowie eine „beeindruckende Leistungsschau des Sozialismus" gewesen.[47]

---

47 Anlage zum Protokoll Nr. 46/87: Bericht über die Verwirklichung des Beschlusses des Politbüros des ZK der SED vom 22. Januar 1985 zur Vorbereitung und Durchführung des 750. Jahrestages von Berlin, Sitzung des Politbüros am 17. November 1987, in: BArch, DY 30/J IV 2/2/2248, Bl. 255ff.

Juli: Frühe Partizipation in Erfurt (von Anja Schröter)

Erfurt im Juli 1987 – die Ausstellung einer Bürgerinitiative in der Michaeliskirche veranlasste mehr als 500 Besucher, ihre Meinungsäußerungen in das ausgelegte Gästebuch einzutragen. Dieser Vorgang ist Teil des Partizipationsprozesses, den einige Erfurter Bürger bereits vor dem revolutionären Herbst 1989 anstießen.

Im nördlichen Innenstadtbereich der alten Handelsstadt Erfurt liegt das Andreasviertel mit seinen Handwerkerhäusern aus dem 12. Jahrhundert. Laut einer Studie der Hochschule für Architektur und Bauwesen in Weimar (HAB) aus dem Jahr 1982 beherbergte das Andreasviertel über 7.000 Einwohner. Im Vergleich zum Erfurter Durchschnitt wohnten hier 10 Prozent mehr Rentner, jedoch weniger 40- bis 65-jährige. Die Studie fasste zusammen, dass die Wohnqualität hier im Vergleich zu anderen städtischen Räumen in Erfurt geringer sei und entsprechend die „älteren, sozial weniger aktiven und anspruchsloseren" Bewohner, aber auch „sehr junge Familien, die hier ihre Erst- bzw. Übergangswohnung nutzen" zu finden seien.[48] Der Untersuchung zufolge zeichnete sich außerdem ab, dass viele Rentner und Arbeiter lieber in ein Neubaugebiet umziehen wollten, während ein großer Teil der ansässigen Intelligenz nach einer Instandsetzung gern im Viertel verbleiben wollte. Viele Anwohner befürworteten eigentlich ein Leben in der Altstadt, beklagten aber unter anderem den miserablen Bauzustand und geringen Wohnkomfort.

---

48 Rolf Kuhn, Soziologische Forschung für den DDR-Städtebau – Leseproben, in: Hans Bertram (Hg.), Soziologie und Soziologen im Übergang. Beiträge zur Transformation der außeruniversitären soziologischen Forschung in Ostdeutschland, Opladen 1997, S. 477.

Gesellschaft für Zeitgeschichte e. V., Mattias Sengewald

Das Erfurter Andreasviertel in den 80er-Jahren.

Ivanna Zhuravchak

Das Andreasviertel im Jahr 2018.

Wie sich unter anderem der Zeitzeuge Matthias Sengewald[49] erinnert, wurden 1986 Pläne der Stadt Erfurt bekannt,
besonders im Andreasviertel größere Altbaubestände zugunsten der Lückenschließung des städtischen Verkehrs-
ringes, dem Juri-Gagarin-Ring, abzureißen.[50] Obwohl das
Viertel seit 1978 als Flächendenkmal unter Denkmalschutz
stand, sollten historische Gassen vierspurigen Straßen wei-
chen. Im November 1986 berichtete der Pfarrer der evangelischen Kirche Erfurt in den Räumlichkeiten der Stadtmission,
die auch die „Offene Arbeit" als einen Begegnungsort für
verschiedenste Teile der Bevölkerung beherbergte, von den
Abrissplänen. Einige Anwesende beschlossen daraufhin,
eine *Arbeitsgruppe Stadt- und Wohnumwelt* bei der evangelischen Stadtmission Erfurt zu gründen. Der Kerngruppe von
circa zehn betroffenen und interessierten Bürgern gehörten
unter anderem Fachleute wie Architekten und Mitarbeiter
aus dem Bereich Denkmalpflege an. Sie entschieden sich
zunächst, Eingaben gegen den Flächenabriss zu schreiben.
Eingaben gehörten zu den probaten Mitteln eines „gelern-
ten DDR-Bürger[s]".[51] Sie waren eine unbürokratische Möglichkeit – in der Regel in Schriftform – zu verschiedensten
Themen und Konflikten mit den Herrschenden, also dem
SED-Regime auf seinen unterschiedlichen Ebenen, in Kontakt zu treten und dienten dem Regime zugleich als Stim-
mungsbarometer. Aufgrund ihres individuellen Charakters
fehlten der Eingabe jedoch elementare Wesenszüge der

---

49 Matthias Sengewald war unter anderem in den 1980er-Jahren als Kirchenkreisjugendwart in
    Erfurt und später für Bündnis 90/Die Grünen tätig.

50 Hier und im Folgenden beruhen Angaben zur Geschichte der Initiative vor allem auf
    Informationen aus der Überlieferung der Bürgerinitiative Altstadtentwicklung e. V. (aus dem
    Zusammenschluss aus der AG Stadt- und Wohnumwelt und der im Herbst 1989 gegründete
    AG Altstadterhalt hervorgegangen) im Robert-Havemann-Archiv, IBIS 58; Stefan Wolle, Die
    heile Welt der Diktatur. Herrschaft und Alltag in der DDR 1971 – 1989, Berlin 2013; Matthias
    Sengewald, Bürgerengagement und Zivilcourage – die Bürgerinitiative Altstadtentwicklung
    oder wie das Andreasviertel gerettet wurde, URL: http://www.gesellschaft-zeitgeschichte.
    de/geschichte/buergerinitiative-altstadt/, letzter Zugriff: 27.4.2018.

51 Steffen H. Elsner, Zur praktischen Bedeutung von Eingaben in der DDR, in: Reinhard Bockhofer
    (Hg.), Mit Petitionen Politik verändern, Baden-Baden 1999, S. 48.

politischen Partizipation wie etwa die Herstellung von Öffentlichkeit.[52]

Um Öffentlichkeit herzustellen, entschied sich die Initiative, die Pläne für den Flächenabriss publik zu machen. Die Gruppe nutzte den kirchlichen Raum, in dem sie stärker vor staatlichen Eingriffen geschützt war, um eine Ausstellung zu initiieren. Die Aktivisten trugen dafür Informationen über die Abrisspläne zusammen, machten Fotos vom Andreasviertel und zeigten, welche Bauten mutmaßlich beseitigt werden sollten. Unter dem Titel „Stadtgerechter Verkehr – verkehrsgerechte Stadt" informierte die Ausstellung vom 8. Mai bis 6. Juli 1987 in der Michaeliskirche, flankiert von zwei öffentliche Veranstaltungen, mehrere Tausend Besucher über den geplanten Altstadtabriss und seine Folgen. Besondere Wirkmacht entfalteten jedoch die 522 Meinungsäußerungen in den ausgelegten Gästebüchern, in denen sich Besucher mehrheitlich für den Erhalt der Altstadt aussprachen. Nach einer Auswertung der Beiträge setzten die Organisatoren die Verantwortlichen für Verkehrsplanung beim Rat der Stadt Erfurt sowie die zuständigen Ministerien und auch den SED-Partei- und Regierungschef Erich Honecker[53] mittels Eingabe selbst vom Stimmungsbild der Ausstellungsbesucher in Kenntnis. Ein Vertreter der Nachfolgeinitiative *Altstadtentwicklung e. V.* beschrieb die Ausstellung 1987 rückblickend als „Durchbruch".[54] Sie bot der Erfurter Bevölkerung einen Raum, ihre Meinung zu artikulieren und bildete einen ersten Schritt zur Beteiligung der Bürger am politischen Willensbildungsprozess.

---

52 Vgl. u. a. Jonathan R. Zatlin, Ausgaben und Eingaben. Das Petitionsrecht und der Untergang der DDR, in: ZfG 45 (1997) 10, S. 902f.; Thomas Lindenberger, Die Diktatur der Grenzen, in: ders. (Hg.), Herrschaft und Eigen-Sinn in der Diktatur. Studien zur Gesellschaftsgeschichte der DDR, Köln 1999, S. 32.

53 Die Eingabe direkt an die oberste Staats- und Regierungsebene zu richten, gehörte zur geübten Praxis der DDR-Bevölkerung. Wie u. a. Felix Mühlberg, Bürger, Bitten und Behörden. Geschichte der Eingabe in der DDR, Berlin 2004 herausstellte, erhofften sie sich von diesem Vorgehen, mehr Handlungsdruck auf die unteren Entscheidungsinstanzen ausüben zu können.

54 Bürgerinitiative Altstadtentwicklung e. V., Andreasviertel Erfurt, 2.5.1991, RHA, IBIS 58, o. P.

Das Engagement diente jedoch nicht nur dazu, die bisherigen Abrisspläne der Stadt aufzuhalten. Die Initiatoren beteiligten sich auch aktiv am stadtentwicklungspolitischen Diskussionsprozess, indem sie alternative Konzepte für die Altstadtentwicklung vorlegten – auch wenn diese nicht umgesetzt wurden. Außerdem wurden in der Folge die sogenannten „Rathausgespräche am Sonntag" installiert. Auch wenn in der Erinnerung Matthias Sengewalds in diesem Rahmen zwar Probleme angesprochen, aber keine wesentlichen Veränderungen erreicht werden konnten, hoben die Verantwortlichen der Bürgerinitiative *Altstadtentwicklung e. V.* später hervor, dass „durch die gefundenen Strukturen und die enge Zusammenarbeit mit der Kommune seit ungefähr 1988" die Planungsvorgänge transparenter gestaltet worden seien.[55] Außerdem entstand ein Informations-Zentrum am sogenannten Fischmarkt in der Altstadt. Ebenfalls 1988 widmete sich eine zweite Ausstellung – in Anlehnung an den stattfindenden Kirchentag „Stadt am Kreuzweg" genannt – in der Michaeliskirche der Situation in der Altstadt. Der Schritt in die Öffentlichkeit und das Anstoßen von Diskussionen sind Indikatoren früher „ziviler Partizipations- und Politikformen […] auf der Ebene von klein dimensionierten, lebensweltlichen Kommunikationsräumen".[56]

Als der Rat der Stadt Erfurt im Herbst 1989 schließlich einen Abrissstopp beschloss, befand sich die DDR bereits im politischen Umbruch. Am Runden Tisch *Arbeitskreis Innenstadt* diskutierten engagierte Erfurter Bürger mit Fachleuten und kommunalen Vertretern über die Zukunft des Altstadtviertels. Der zitierte Matthias Sengewald trat bei den ersten freien Kommunalwahlen am 6. Mai 1990 für den Listenverbund des *Neuen*

---

55 Bürgerinitiative Altstadtentwicklung e. V., Andreasviertel Erfurt, 2.5.1991, RHA, IBIS 58, o. P.

56 Anja Schröter, Politische Kultur Ost? Lokale Demokratisierung und Partizipation vor, in und nach der friedlichen Revolution (https://zzf-potsdam.de/de/forschung/projekte/politische-kultur-ost, letzter Zugriff: 27.5.2018), ein Teilprojekt im Rahmen der von Kerstin Brückweh geleiteten Forschergruppe „Die lange Geschichte der „Wende". Lebenswelt und Systemwechsel in Ostdeutschland vor, während und nach 1989 (https://zzf-potsdam.de/de/forschung/linien/die-lange-geschichte-der-wende-lebenswelt-systemwechsel-ostdeutschland-vor-waehrend).

ullstein bild, 05191794, Ihlow
Erfurter Altstadt. Fischermarkt mit „Haus zum Roten Ochsen", 1989.

Forums und der *Grünen Partei* an und war mehrere Jahre als Stadtverordneter im Bauausschuss tätig. Die Initiative engagierte sich auch weiterhin für den Erhalt der Erfurter Altstadt, die noch heute wesentlich zur Attraktivität der Stadt beiträgt.

Das bürgerschaftliche Engagement rund um das Erfurter Andreasviertel hatte von der Initiative unter dem Schutzdach der Kirche über die Herstellung von Öffentlichkeit und erste Diskussions- und Partizipationsprozesse in die stadtentwicklungspolitischen Belange hineingewirkt. Im Zuge des revolutionären Umbruchs 1989/90 nutzten die engagierten Bürgerinnen und Bürger unter anderem am lokalen Runden Tisch ihre Möglichkeiten, um Diskussionen und Prozesse aktiv mitzugestalten. Mit den Kommunalwahlen 1990 gingen Akteure wie Sengewald den Schritt von der außerparlamentarischen zur parlamentarischen Partizipation und Politik auf lokaler Ebene. Der Partizipations- und Demokratisierungsprozess hatte hier bereits vor 1989 begonnen und setzte sich bis in die 1990er-Jahre fort.

Die Erfurter *AG Stadt- und Wohnumwelt* war nicht die einzige Initiative in der DDR, die sich bereits in den Jahren vor 1989 formierte, gegen den Abriss des Altbaubestandes in den Städten vorging, Öffentlichkeit herstellte, Teile der Bevölkerung mobilisierte und schließlich erfolgreich in den Planungsprozess eingriff. In Städten wie Dessau, Greifswald, Berlin oder Schwerin waren sie – nicht nur unter dem Dach der Kirche, sondern auch angegliedert an staatliche Unterorganisationen wie den Kulturbund oder die Wohnbezirksausschüsse – Teil eines frühen partizipativen und mindestens „vor-demokratischen" Aufbruches, der bereits breitere Bevölkerungsteile als die heute als „DDR-Opposition" bezeichneten Gruppierungen erreichte.

ullstein bild, 00148542, Rieth

Dieter Rulff, Redakteur des alternativen Radiosenders „Radio 100", bei der Vorbereitung der monatlichen Sendung „Radio Glasnost", in der unkommentierte Beiträge aus der DDR über den Äther gehen, West-Berlin 1988.

August: Radio Glasnost – außer Kontrolle

Schon seit Beginn des Kalten Krieges nutzten Ost wie West das Radio und später verstärkt das Fernsehen, um auch die Zuhörer und Zuschauer in der jeweils anderen Hälfte Deutschlands zu erreichen. Während sich in der Bundesrepublik nur wenige Menschen für die DDR-Medien interessierten, waren die Westmedien in der DDR überaus populär und galten als wichtige Ergänzung zur dortigen Berichterstattung. Gemäß der Verfassung der DDR war zwar auch dort die Freiheit der Presse gewährleistet. Dies entsprach jedoch zu keinem Zeitpunkt der Realität: Die ebenfalls per Verfassung festgeschriebene führende Rolle der SED verbot jegliche Kritik am System. Wer sich dennoch kritisch äußerte, lief Gefahr, wegen staatsfeindlicher Hetze (§ 106 StGb der DDR) oder öffentlicher Herabwürdigung (§ 220 StGb der DDR) angeklagt zu werden. Ein Recht auf Informationsfreiheit existierte nicht.

Um es interessierten DDR-Bürgern dennoch zu ermöglichen, sich über Themen zu informieren, die von den eigenen Medien beschwiegen oder verzerrt dargestellt wurden, riefen Rundfunksender in West-Berlin und der Bundesrepublik ab den 1960er-Jahren gleich mehrere Sendungen ins Leben. Sie waren jedoch stets vom Westen für den Osten produziert. Im Sommer 1987 startete hingegen ein völlig neues Format: Der West-Berliner Sender *Radio 100* bot kritischen Bürgerinnen und Bürgern aus der DDR im Rahmen der Sendung *Radio Glasnost – außer Kontrolle* ein eigenes Forum. Nach einer Pilotsendung am 22. Juli 1987 wurde ab dem 31. August jeweils am letzten Montag eines Monats von 21 bis 22 Uhr ein abwechslungsreiches Programm geboten: Berichte über Ereignisse in der DDR, Interviews mit Mitgliedern oppositioneller Gruppen, Musik, Veranstaltungshinweise und vieles mehr. Die Redaktion verstand sich hierbei lediglich als Medium – die Inhalte sollten die Menschen aus der DDR selbst bestimmen können. Natürlich war *Radio Glasnost* nicht der erste Versuch, eine Gegenöffentlichkeit zu schaffen: Zeitungen wie die *Umweltblätter* oder der *Friedrichshainer Feuermelder* waren – meist unter dem schützenden Dach der Kirche produzierte – Samisdat-Publikationen, die den Verlautbarungen in den staatseigenen Medien eine eigene Stimme entgegensetzten. Einen unabhängigen Radiosender in der DDR auf die Beine zu stellen, schien jedoch unmöglich. Es fehlte an dem nötigen technischen Equipment und auf eine offizielle Genehmigung brauchte man gar nicht erst zu hoffen. Es war klar: Eine solche Sendung müsste in West-Berlin produziert und ausgestrahlt werden.

Einen ersten Versuch starteten Tina Krone, Reinhard Schult, Stephan Krawczyk, Bodo Niedlich und dessen Freundin Sabine gemeinsam mit einigen West-Berliner Radio-Aktivisten 1986 mit dem Piratensender *Schwarzer Kanal*. Allein der Name des Senders war aus SED-Sicht eine Provokation, denn er persiflierte die seit 1960 laufende Propagandasendung von Karl-Eduard von Schnitzler, dem Chefkommentator des DDR-Fernsehens. Mit selbstgemachten Flyern wurde in Ost-Berlin für den Sender geworben. Für die Herstellung der Handzettel fand der Kinderstempelkasten *Famos 502* Verwendung, damit das MfS nicht anhand von Schrift- oder Schreibmaschinenproben die Verfasser hätte ermitteln können. Illegal war das Projekt allerdings auf beiden Seiten der Mauer, denn auch im Westen galt Radiopiraterie als Straftat. Drei Mal ging der *Schwarze Kanal* auf Sendung. Bei der zweiten Ausstrahlung unterbrach das MfS mit Störsendern kurzzeitig die Übertragung; die dritte Ausstrahlung wurde bereits nach sechs Minuten unterbunden. In Karl-Marx-Stadt verhaftete die Staatsmacht sogar ein junges Pärchen, das sich einen Mitschnitt besorgt hatte. Das Projekt war vorerst gescheitert.

Auf West-Berliner Seite hatten Mitglieder der links-alternativen Szene die Ausstrahlung des *Schwarzen Kanals* ermöglicht. Auch dort wurde seit einigen Jahren über die Möglichkeit eines eigenen Radiosenders diskutiert, denn bisher gab es in der Bundesrepublik nur den öffentlich-rechtlichen Rundfunk. Seit 1968 hatte es deshalb immer wieder Versuche seitens gegenkultureller Bewegungen gegeben, über Schwarzsender ein eigenes Programm aufzubauen. Als der West-Berliner Kabelrat schließlich zwei Frequenzen zur Vergabe ausschrieb, ergriff man die Gelegenheit, ganz legal einen eigenen Sender zu betreiben, beim Schopfe. Am 1. März 1987 ging *Radio 100* als erster Privatsender Berlins auf Sendung. Den Zuschlag hatte die links-alternative *Radio 100 Anbietergemeinschaft* jedoch nicht allein erhalten; sie musste sich die Frequenz 100,6 MHz mit dem politisch eher konservativen Sender *Radio Hundert,6* teilen.

Wie unterschiedlich die beiden Sender waren, wurde den Hörerinnen und Hörern täglich um 19 Uhr verdeutlicht: *Hundert,6* verabschiedete sich mit dem Abspielen der Nationalhymne, dann begrüßte *Radio 100* die eigene Hörergemeinde mit dem Geräusch einer Toilettenspülung.

Die schließlich ins Programm aufgenommene Sendung *Radio Glasnost* war eine Idee von Dieter Rulff, Redakteur bei *Radio 100*, und Roland Jahn, der 1983 aus politischen Gründen aus der DDR ausgewiesen worden war. Beide griffen auf alte Kontakte zurück, um die neue Sendung mit Inhalten zu füllen. Das in Ost-Berlin produzierte Material wurde dann durch Journalisten, Diplomaten und Bundestagsabgeordnete der Grünen über die Grenze gebracht.[57] Da sie nicht kontrolliert werden durften, waren sie als Kuriere bestens geeignet. Einige Manuskripte und Kassetten wurden auch ganz regulär per Post geschickt, zur Sicherheit allerdings an eine fiktive Nachbarin von

---

57 Vgl. Jens Gieseke/Andrea Bahr, Die Staatssicherheit und die Grünen. Zwischen SED-Westpolitik und Ost-West-Kontakten, Berlin 2016.

Dieter Rulff. Die Beiträge wurden dann unkommentiert und ungekürzt gesendet – nun mit der tausendfachen Leistung des
alten Piratensenders und einer Reichweite von bis zu 150 km.
Hatte das MfS auf den *Schwarzen Kanal* noch mit hekti-
scher Betriebsamkeit reagiert, so scheint es, als habe die
Pilotsendung von *Radio Glasnost* die Geheimpolizei überrascht. Erst kurz vor Ausstrahlung der zweiten Sendung lag
eine erste Einschätzung vor. Bis November erstellte das MfS
einen „Maßnahmeplan": Einige „feindliche Kräfte" im Westen
würden „mit dem Ziel der Intensivierung politischer Unter-
grundtätigkeit" eine „Zusammenführung und Erweiterung des
feindlich-negativen Potentials im Innern der DDR" anstreben.
Aus diesem Grund sei es „erforderlich", die „äußeren Feind-
personen" – sprich: die Redakteure in West-Berlin – sowie
ihre „Informanten" in der DDR und deren „Kurier- und Ver-
bindungssystem" aufzuklären und zu bearbeiten. Neben der
Aufzeichnung und Auswertung der Sendung sollte auch eine
rechtliche Bewertung erfolgen, um juristisch gegen die Beteiligten vorgehen zu können.[58]
    Im Februar 1988 begann dann eine Diffamierungskampagne
gegen *Radio Glasnost*. Ein Kommentar im ND bezichtigte die
Macher der Sendung, „Haßtiraden" und „konterrevolutionäre
Propaganda gegen die DDR" zu verbreiten und einen „Rück-
fall in den Kalten Krieg" zu befürworten. Er schloss mit der An-
drohung nicht näher benannter Konsequenzen und betonte,
dass die „Kampagne" sich „ungünstig auf die Beziehungen
zwischen der DDR, der BRD und Berlin (West) auswirken" werde.[59] Einige Tage später, am 13. Februar 1988, machte ein weiterer Artikel unmissverständlich klar, dass die Sendung eine
„staatsfeindliche Handlung" sei: Gemeinsam mit ehemaligen
DDR-Bürgern – „Verräter", die „in das Lager des Gegners" ge-

---

58 Maßnahmeplan zur politisch-operativen Bearbeitung des vom privaten Westberliner Rund-
    funksender „Radio 100" ausgestrahlten Sendebeitrages „Radio Glasnost – außer Kontrolle",
    3.11.1987, in: BStU, MfS, ZAIG, Nr. 32014, Bl. 1-3.
59 Dichtung und Wahrheit, in: ND, 2. Februar 1988, S. 2.

wechselt hätten –, würden „imperialistische Geheimdienste und andere mit ihnen im Bunde stehende antisozialistische Zentren und Kräfte in der BRD und Westberlin" versuchen, eine Opposition in der DDR zu schaffen. Die Zeitung bezichtigte insbesondere Roland Jahn, im Auftrag eines westdeutschen Geheimdienstes „Hetz- und Verleumdungskampagnen" gegen die DDR zu lancieren. Der Artikel schloss mit einer eindeutigen Warnung an alle Unterstützer in der DDR: Die „handfesten Beweise" gegen die Macher der Sendung „sprechen eine überzeugende Sprache".[60]

Darüber hinaus ging das MfS gezielt gegen die in der DDR lebenden Unterstützer von *Radio Glasnost* vor: verdächtige Personen wurden observiert und von inoffiziellen Mitarbeitern unauffällig befragt, Stimmanalysen wurden durchgeführt und technische Pläne zur Störung der Übertragung entwickelt. Anfang des Jahres 1988 wurden darüber hinaus mehrere Bürgerrechtler in Ost-Berlin verhaftet – ein Grund war ihre „ungesetzliche Verbindungsaufnahme", also der Kontakt zu westdeutschen Medien. Gegen eine gezielte Störung der Übertragung sprach zunächst, dass man mit Protesten aus dem Westen rechnen musste. Eine solche Maßnahme verstieß gegen § 12 der Vollzugsordnung „Funk" der Internationalen Fernmelde-Union, deren Mitglied die DDR war. Trotzdem entschied sich das MfS im Frühjahr 1988 für den Einsatz von Störsendern. Im Rahmen der Operationen *David I* und *David II* wurde die Ausstrahlung einzelner Beiträge – zum Beispiel über Umweltprobleme, Wehrdienstverweigerung oder die Ausreise aus der DDR – verhindert. Infolge scharfer Kritik in den westdeutschen Medien beendete das MfS die Aktion allerdings nach zwei Versuchen wieder, denn der politische Schaden war größer als der Nutzen: Erst die westlichen Berichte über die Störversuche hätten „die Aussendungen von ‚Radio Glasnost' popularisiert und politisch aufgewertet", resümierte ein

---

60 Wer steuert die sogenannte DDR-Opposition?, in: ND, 17. Februar 1988, S. 2.

Bericht an Erich Mielke.[61] Als Teile des MfS an der Erstellung des Maßnahmeplans zur Bekämpfung von *Radio Glasnost* saßen, beschäftigte viele DDR-Bürger ein ganz anderes Ereignis: der Bonn-Besuch von Erich Honecker.

61 Wolfgang Schwanitz an Erich Mielke: Weitere Verfahrensweise zum Vorgehen gegen den Sendebeitrag „Radio Glasnost – außer Kontrolle" des Privatsenders „Radio 100" in Berlin (West), 9.5.1988, in: BStU, MfS, HA III, Nr. 494, Bl. 26–29.

September: Grenzübergreifender Polit- und Pop-Tourismus

Im mecklenburgischen Güstrow hatte Bundeskanzler Helmut Schmidt im Dezember 1981 erstmals gegenüber Erich Honecker eine Einladung ausgesprochen; sein Nachfolger, Helmut Kohl, wiederholte sie mehrfach. Dennoch dauerte es insgesamt sechs Jahre, bis der DDR-Staatschef tatsächlich in die Bundesrepublik reiste. Bis 1986 hatte die sowjetische Regierung stets ein Machtwort gesprochen und die Fahrt verhindert, nun, im Herbst 1987, war es endlich soweit.[62] Wohl in Vorbereitung auf den Bonn-Besuch des Staatsratsvorsitzenden sowie auch mit Blick auf die KSZE-Folgekonferenz in Wien wurden im Vorfeld noch einige Maßnahmen und Veränderungen verkündet.

Auf der Titelseite des *Neuen Deutschland* vom 18./19. Juli 1987 prangte in großen Lettern gleich drei Mal das Wort „Beschluß". Bekanntgegeben wurden damit eine Änderung und Ergänzung des Gerichtsverfassungsgesetzes, eine allgemeine Amnestie anlässlich des 38. Republikgeburtstages sowie die Abschaffung der Todesstrafe. Die Amnestie wurde vor allem damit begründet, dass die DDR zu den Ländern mit „der niedrigsten Kriminalitätsrate der Welt" gehöre: „Das sozialistische Staats- und Rechtsbewußtsein der Bürger hat sich gefestigt. Gewachsen ist ihre Aktivität zur freiwilligen Einhaltung der Rechtsnormen, zur Wachsamkeit und Unduldsamkeit gegen

---

62 Ausführlich zum Besuch und zu dessen Vorgeschichte: Martin Sabrow, Der Pyrrhussieg. Erich Honeckers Besuch in der Bundesrepublik 1988, in: Andreas H. Apelt/Robert Grünbaum/ Jens Schöne (Hg.), 2 x Deutschland. Innerdeutsche Beziehungen 1972–1990, Halle 2013, S. 201–237.

Erich Honecker (l.) wird von Bundeskanzler Helmut Kohl (r.) vor dem Bundeskanzleramt in Bonn begrüßt, 7. September 1987.

Rechtsverletzungen."[63] Es war weder die erste noch die letzte „Jubelamnestie"; mehrfach begnadigte das SED-Regime Strafgefangene anlässlich wichtiger Gedenk- und Feiertage. Im Herbst und Winter 1987 wurden über 25.000 Menschen aus der Haft entlassen.

Auch die Abschaffung der Todesstrafe wurde der „erfolgreichen Entwicklung der sozialistischen Gesellschaft", der erreichten Stabilität und Ordnung zugeschrieben. Ihre Einführung, so das ND, „beruhte auf den Erfordernissen, Nazi- und Kriegsverbrechen, Verbrechen gegen den Frieden, die Menschlichkeit und die Menschenrechte sowie schwerste Verbrechen gegen die Souveränität der DDR und gegen das Leben der Bür-

---

63 Begründung zum Beschluß des Staatsrates der DDR über eine allgemeine Amnestie aus Anlaß des 38. Jahrestags der Gründung der DDR, in: ND, 18./19. Juli 1987, S. 1.

ger konsequent zu verfolgen". Die DDR würde nun den Empfehlungen der UNO (der sie seit 1973 angehörte) folgen und „bekundet damit ihre Position zu einem Recht der Menschheit auf ein friedliches und menschwürdiges Leben, zur Wahrung der Menschenrechte in ihrer Gesamtheit".[64] Die Todesstrafe war seit Gründung der DDR 231 Mal verhängt und mindestens 160 Mal vollstreckt worden. Entgegen der Behauptung des ND hatten nicht nur Kriegs- und Schwerverbrecher auf diese Weise den Tod gefunden, sondern auch einige politische Gegner sowie tatsächliche und vermeintliche Spione. Die letzte Vollstreckung erfolgte 1981: Der wegen Spionage im besonders schweren Fall und vorbereiteter Fahnenflucht im schweren Fall verurteilte MfS-Mitarbeiter Werner Teske wurde durch Kopfschuss hingerichtet. Er hatte heimlich Akten entwendet und geplant, sich mit den Geheiminformationen in die Bundesrepublik abzusetzen. Obwohl er mehrfach die Möglichkeit gehabt hatte, diesen Plan in die Tat umsetzen, war er immer wieder in die DDR zurückgekehrt – was allerdings während des Prozesses nicht strafmildernd wirkte. Die Aufhebung der Todesstrafe 1987 überraschte viele Menschen in der DDR. Da sie seit den 1970er-Jahren – vor allem nach Unterzeichnung der KSZE-Schlussakte – nur noch stillschweigend vollstreckt worden war, hatte man ihre Existenz kaum mehr bemerkt. Die als große, humanistische Geste propagierte Maßnahme sollte als politisches Kapital dienen und die Westpolitik der SED erleichtern.

Ein ähnliches Ziel verfolgte die Partei mit dem Grundsatzpapier *Der Streit der Ideologien und die gemeinsame Sicherheit*. Das sogenannte Dialogpapier war das Ergebnis zahlreicher Gespräche zwischen Mitgliedern der Grundwertekommission der westdeutschen SPD und der Akademie für Gesellschaftswissenschaften, der „Denkfabrik" der SED, und

---

64 Begründung zum Beschluß des Staatsrates der DDR über die Abschaffung der Todesstrafe in der DDR vom 17. Juli 1987, in: ND, 18./19. Juli 1987, S. 1.

wurde am 27. August 1987 erstmals der Öffentlichkeit vorgestellt. Der deutsch-deutsche Austausch hatte bereits 1984 begonnen. Das nun präsentierte gemeinsame Papier widmete sich theoretischen, ideologischen und politischen Grundfragen und sorgte damit in beiden deutschen Staaten für Überraschung. Besondere Aufmerksamkeit wurde folgender Feststellung zuteil: „Beide Seiten müssen sich auf einen langen Zeitraum einrichten, während dessen sie nebeneinander bestehen und miteinander auskommen müssen. Keine Seite darf der anderen die Existenzberechtigung absprechen. Unsere Hoffnung kann sich nicht darauf richten, daß ein System das andere abschafft. Sie richtet sich darauf, daß beide Systeme reformfähig sind und der Wettbewerb der Systeme den Willen zur Reform auf beiden Seiten stärkt." Beide Parteien erklärten, dass sie die jeweils andere Seite für „friedensfähig" erachteten und der Abbau von Feindbildern nötig sei.[65] Während die Veröffentlichung für reformfreundliche Kreise innerhalb der SED eine „Sternstunde" darstellte, klagten Konservative fassungslos, dass die Partei sich mit ihrer Unterschrift von „zentralen Eckpunkten" des Marxismus-Leninismus verabschiedet hätte, in dessen Weltsicht „der Westen und die SPD bisher zentrale Feindbilder waren und das im Kern aggressive Wesen des sogenannten ‚Imperialismus' sowie sein gesetzmäßiger Untergang beschworen wurde".[66] Der SPD wiederum wurde in der Bundesrepublik von konservativer Seite vorgeworfen, die Existenz eines zweiten deutschen Staates und damit die Teilung Deutschland endgültig anerkannt zu haben.

Wenige Tage später, zwischen dem 7. und 11. September 1987, besuchte Erich Honecker die Städte Bonn, Düsseldorf, Essen, Wuppertal, Trier, Saarbrücken, Neunkirchen und München und traf zahlreiche hochrangige Vertreter aus Politik und Wirtschaft der Bundesrepublik. Dass es sich ledig-

---

65 Der Streit der Ideologien und die gemeinsame Sicherheit, Online unter: http://library.fes.de/library/netzquelle/ddr/politik/pdf/verfemte_4.pdf (letzter Zugriff: 11.5.2018).

66 Pannen, Wo ein Genosse ist, da ist die Partei, S. 245.

lich um einen Arbeits- und nicht um einen Staatsbesuch handelte, war für mit protokollarischen Feinheiten nicht vertraute Fernsehzuschauer kaum zu erkennen. In Bonn hing die DDR-Fahne neben der bundesdeutschen. Bundeskanzler Helmut Kohl wartete mit versteinerter Miene vor dem Kanzleramt, bis die schwarze Limousine mit dem Gast aus der DDR vorfuhr. Er schüttelte dem SED-Generalsekretär die Hand, es erklang die Nationalhymne der DDR und die beiden Regierungschefs begaben sich auf den roten Teppich. Es war eine Szene, die in Ost und West bis dato undenkbar gewesen war und die nun zu signalisieren schien, dass die deutsche Zweistaatlichkeit Normalität geworden war.

Für den gebürtigen Saarländer Honecker bot die Dienstreise in den Westen auch die Gelegenheit zu einer privaten Fahrt in seine alte Heimat. Honecker besuchte die Stadt Neunkirchen und deren Ortsteil Wiebelskirchen, wo er seine Kindheit und Jugend verbracht hatte. Viele Einwohner standen winkend an

Bundesarchiv, B 145 Bild-00016874, Engelbert Reineke

Erich Honecker besucht vom 7. bis 11. September 1987 zum ersten Mal die Bundesrepublik Deutschland. Hier wird er im Saarland, seiner Heimat, begrüßt.

den Straßenrändern und begrüßten den wohl berühmtesten Sohn der Stadt. Für 50 Minuten plauderte der hohe Gast dann bei Kaffee und Kuchen mit seiner Schwester Getrud, die nun allein im Haus der Eltern wohnte. Beim späteren Empfang im Neunkirchner Bürgerhaus fiel schließlich ein Satz, der Historikerinnen und Historikern bis heute Rätsel aufgibt, da er mit Honeckers sonstiger Rhetorik kaum vereinbar war. Im Kreise lokaler Politiker sowie einstiger Bekannter und Weggefährten, noch ganz gerührt von dem Spiel der örtlichen Schalmeien-Kapelle, deren Ehrenvorsitzender er seit Jahren war, ließ der sonst wenig sentimentale Gast spontan und entgegen des vorbereiteten Manuskripts verlauten: „Aber ich glaube, wenn wir gemeinsam hinwirken, entsprechend dem Communiqué, das wir nunmehr in Bonn unterzeichnet haben, dann wird auch der Tag kommen, an dem Grenzen uns nicht mehr trennen, sondern Grenzen uns vereinen. So, wie uns die Grenze zwischen der Deutschen Demokratischen Republik und der Volksrepublik Polen vereint." [67] Am Tag zuvor hatte Honecker noch betont, dass „Sozialismus und Kapitalismus sich ebensowenig vereinigen lassen wie Feuer und Wasser".[68] Zeigte sich hier nun womöglich zaghaft der Gedanke einer deutsch-deutschen Konföderation, wie auch Honecker selbst später behauptete?[69] In westdeutschen Redaktionen verbrachten Journalisten die nächsten Tage mit Interpretationsversuchen.

In der DDR hatten viele Menschen gehofft, Honeckers Westreise würde zu weiteren Reiseerleichterungen und einer Intensivierung der Handelsbeziehungen (und damit zu mehr Westprodukten in den DDR-Regalen) führen.[70] 1964 war es zunächst

---

67 Vgl. Martin Sabrow, Erich Honecker. Das Leben davor, 1912–1945, München 2016, S. 22–31, Zitat S. 26.

68 Toast von Erich Honecker bei dem Essen in der „Redoute", abgedruckt in: ND, 8. September 1987, S. 3.

69 Vgl. Martin Sabrow, Der unterschätzte Diktator, in: Der Spiegel, 34/2012, S. 46–48.

70 Vgl. Hinweise zu ersten Reaktionen der Bevölkerung der DDR im Zusammenhang mit dem angekündigten Besuch des Generalsekretärs des ZK der SED und Vorsitzenden des Staatsrates der DDR, Gen. Erich Honecker, in der BRD, 30. Juli 1987, in: BStU, MfS ZAIG 4229, Bl. 1–5.

nur Rentnerinnen und Rentnern erlaubt worden, zu Verwandten in den Westen zu reisen, ab 1972 durften auch jüngere Menschen in „dringender Familienangelegenheit" einen Antrag stellen. 1985/86 waren die Liste möglicher Gründe sowie der Kreis der Antragsberechtigten relativ stillschweigend erweitert und immer mehr Westreisen gestattet worden. Nun wurde spekuliert, ob die Beschränkungen für Verwandtenbesuche im Westen vielleicht gänzlich aufgehoben, eine Reise mit der ganzen Familie im eigenen Auto gestattet oder sogar reguläre Touristenreisen angeboten werden würden. Man wolle sich schließlich einmal „persönlich von den Lebensverhältnissen in der BRD überzeugen".[71]

Es hatte im Vorfeld allerdings auch warnende Stimmen und Kritik gegeben, die das MfS registrierte und dokumentierte. SED-Funktionäre und ältere Parteimitglieder sorgten sich, dass die „Normalisierung der Beziehungen" zwischen beiden deutschen Staaten und eine „Intensivierung von Kontakten" zwischen Ost- und Westdeutschen „negative ideologische Auswirkungen" haben würde. Mitarbeiter der Sicherheitsorgane plagte die Befürchtung, dass die Annäherung zu Problemen bei der Nachwuchsrekrutierung führen werde, da kaum jemand auf „Westkontakte" verzichten wolle, was jedoch eine zentrale Voraussetzung für eine Karriere bei Polizei und Armee war. Pädagogen waren infolge der intensiven Berichterstattung, die auch den Reden westdeutscher Politiker breiten Raum geschenkt hatte, damit konfrontiert, schwierige Fragen von Schülern und Studierenden beantworten zu müssen: „Brauchen wir noch ein Feindbild? […] Ist die Mauer noch notwendig?"[72] Journalisten, denen die Anweisung erteilt worden war, besonders den Saarland-Besuch Honeckers zu thematisieren, wiesen darauf hin,

---

71 Hier und im Folgenden: Weitere Hinweise zu Reaktionen der Bevölkerung auf den offiziellen Besuch des Generalsekretärs des ZK der SED und Vorsitzenden des Staatsrates der DDR, Genossen Honecker, in der BRD (2. Zusammenfassung), 16. September 1987, in: BStU, MfS, ZAIG, Nr. 4229, Bl. 18–29.

72 Ebd., S. 20.

dass jene Leserinnen und Leser, die nicht in den West reisen durften, gerade diesen Teil der Reise negativ aufnehmen würden. Im Ministerium für Auswärtige Angelegenheiten (MfAA) befürchtete man, die DDR werde sich immer weiter von den anderen sozialistischen Staaten entfernen.[73] Am Ende wurden die Sorgen zum Teil, die Hoffnungen jedoch kaum bestätigt. In symbolpolitischer Hinsicht war der Besuch zwar ein großer Erfolg für die SED-Regierung, Verbesserungen für die Bevölkerung brachte er nicht. Dennoch wurde der Westen im DDR-Alltag immer präsenter.

Eine Woche nach Erich Honeckers Westreise traten die US-Musiker Bob Dylan, Roger McGuinn von den *Byrds* und Tom Petty samt seiner *Heartbreakers* eine Reise in den Osten an. Die FDJ lud kurzfristig zum großen Konzert auf der Festwiese des Treptower Parks in Berlin. Am 12. September – und damit nur fünf Tage vor dem Konzert – wurde der Termin erstmals kommuniziert, binnen weniger Stunden waren die 81.000 Karten ausverkauft. Der Grund für die kurzfristige Verkündung war, dass die FDJ den Künstler nur für einen Auftritt hatte gewinnen können, weil in West-Berlin nicht genügend Karten verkauft worden waren. Zuvor musste bereits das Konzert in Mannheim ausfallen. Der große Bob Dylan steckte 1987 in einer tiefen Krise. In seiner Autobiografie erinnert er sich, dass er sich damals „ausgelaugt und mitgenommen" fühlte: „Tom [Petty] war auf dem Höhepunkt seiner Schaffenskraft und ich auf dem Tiefpunkt der meinen. Ich konnte nichts dagegen tun. Alles lag in Trümmern. Meine eigenen Songs waren mir fremd geworden. Ich hatte die Fähigkeit verloren, ihren Nerv zu treffen; ich konnte nicht einmal mehr die Oberfläche ankratzen. Mein historischer Moment war vorbei."[74]

---

73 Weitere Hinweise zur Reaktion der Bevölkerung im Zusammenhang mit dem angekündigten Besuch des Generalsekretärs des ZK der SED und Vorsitzenden des Staatsrates der DDR, Genossen Honecker, in der BRD, 5. September 1987, in: BStU, MfS, ZAIG, Nr. 4229, S. 6–13.
74 Bob Dylan, Chronicles. Volume One, Hamburg 2004, zit. n. dem auszugsweisen Abdruck „Ich war ein Wrack", in: Der Spiegel, 42/2004, S. 191–194, Zitat S. 192.

Die DDR-Medien priesen ihn dennoch als lebende Legende des Folk-Rock, gar als „Brecht Amerikas".[75] Im Nachhinein gab es indes auch Kritik am Altmeister: „Wer hier große Show oder das Publikum vereinnahmende Gesten erwartete, wurde enttäuscht. Ohne sich erst zu erklären, ging Dylan zur Sache. Manchem mag das zu sachlich gewesen sein. Aber die Mehrzahl war wohl doch gekommen, um seinen Liedern zu lauschen", schrieb das ND.[76] Den meisten Zuschauern blieb auch nichts anderes übrig, denn sie konnten die Bühne aus der Ferne nur erahnen.[77] Die *Berliner Zeitung* rätselte: „Vielleicht war Dylans Unbeteiligtsein schlichte Introvertiertheit, Resignation oder Traurigkeit. Schwer zu sagen. Es wirkte jedenfalls ernüchternd."[78] Etwas über eine Stunde lang spielte der große Star vor allem Hits aus den 1960er-Jahren. Stürmischen Applaus gab es dennoch am Ende und schließlich auch seinen großen Hit *Blowin' in the Wind* als Zugabe. Wunderkerzen erleuchteten den Treptower Park.

Die enttäuschten Stimmen mögen auch dem Umstand geschuldet sein, dass man in diesem Jahr schon einige andere große Künstler gesehen hatte, die sich mehr ins Zeug gelegt hatten: der amerikanische Latin-Rocker Carlos Santana, der britische Blues-Musiker John Mayall, der Jazz- und Bluesrockgitarrist John McLauglin, der berühmte Flamenco-Guitarrero Paco de Lucia und die britische Rockband *Barclay James Harvest* hatten die DDR besucht. Als die Briten 1981 in West-Berlin vor dem Reichstagsgebäude gespielt hatten, waren viele Ost-Berliner Fans zur Mauer gepilgert, um sie zu hören. Nun waren sie endlich in die DDR gekommen; 45.000 Leute sahen sie live auf der Treptower Festwiese.

Die verschiedenen von der FDJ organisierten Berliner Konzerte sowie auch ergänzende Aktivitäten wie zum Beispiel die Förde-

---

75 Matthias Gehler, Rockkonzert des Jahres, in: Berliner Zeitung, 17. September 1987, S. 8.

76 Günter Görtz/Ralf Dietrich, Rockpoesie im Treptower Park, in: ND, 19. September 1987, S. 4.

77 Claus-Michael Bartsch, Lebende Rocklegende vor funkelnden Wunderkerzen, in: Neue Zeit, 19. September 1987, S. 6.

78 Birgit Walter, Abend mit einer Rock-Legende, in: Berliner Zeitung, 19. September 1987, S. 7.

Über 70.000 Musikfans fanden sich am 17. September 1987 auf der Treptower Festwiese in Ost-Berlin zum großen Friedenskonzert der FDJ ein, bei dem auch US-Musiker wie Bob Dylan und Tom Petty auftraten.

rung von Bands in der Provinz sollten dazu dienen, Jugendliche für den Sozialismus zu begeistern und wieder enger an die Organisation zu binden. Dabei „zeigt das Interesse des staatlichen Jugendverbandes an den musikalischen Vorlieben" der jungen Menschen, „dass die Funktionäre einzig in der Musik noch Anknüpfungspunkte mit der Jugend sahen" – was zugleich bezeugt, dass die FDJ längst nicht mehr als „Alleinvertreter der Interessen der Jugend" sondern als ein „Anbieter von Jugendkultur" neben anderen wahrgenommen wurde.[79] Im Süden der DDR befand sich die Jugendorganisation Ende der 1980er-Jahre in einer Art Selbstauflösungsprozess: Von einzelnen Ortsverbänden im Bezirk Suhl wurde gemeldet, dass „überwiegende Teile der Jugend nicht mehr erreicht" werden, vereinzelt „keine arbeitsfähige FDJ-Leitung vorhanden ist" und sich die Jugendlichen zunehmend an der Kirche oder diversen subkulturellen Gruppierungen orientieren beziehungsweise eigene gründen würden.[80] Die vor allem 1988 stattfindenden großen Konzerte in der Hauptstadt – unter anderem von *Depeche Mode* und Bruce Springsteen – waren deshalb mehr „Selbstbetrug" als Zeichen eines politischen Wandels: „Rasanter, kaum zu verbergender Prestigeverlust sollte durch kulturellen Erfolg überspielt werden. Der frenetische Beifall, der allein den Westkünstlern galt, wurde propagandistisch zum Applaus für die FDJ verklärt."[81] Als Begründung für die Einladung bekannter West-Musiker diente der Jugendorganisation übrigens die einleitend beschriebenen Tumulte am Brandenburger Tor: Eine „fortan ‚weltoffenere' Veranstaltungspolitik sollte eine Wiederholung der Vorfälle " verhindern helfen.[82]

Den amüsanten Höhepunkt des deutsch-deutschen Pop-Austausches bildete 1987 allerdings nicht ein Konzert, sondern ein ungewöhnliches Präsent, das ebenfalls mit den

---

79 Peter Wurschi, Rennsteigbeat. Jugendliche Subkulturen im Thüringer Raum 1952–1989, Köln/Weimar/Wien 2007, S. 248.

80 Ebd.

81 Michael Rauhut, Schalmei und Lederjacke. Udo Lindenberg, BAP, Underground: Rock und Politik in den achtziger Jahren, Berlin 1996, S. 149.

82 Ebd., S. 133.

Ereignissen an der Berliner Mauer in Verbindung stand: Der West-Berliner Musiker Udo Lindenberg schenkte Erich Honecker im Sommer eine Lederjacke. Beigelegt war ein Brief, der sich auf das rabiate Vorgehen der DDR-Sicherheitsorgane im Juni bezog. Der SED-Generalsekretär ließ sich nicht lumpen und ließ Lindenberg dennoch zum Dank eine Schalmei überreichen. In einem beigefügten Schreiben wich er der Kritik aus, beschrieb die DDR als „rockfreundliches" Land und bekundete, dass die Jacke passen würde, auch wenn „das Äußere Geschmackssache" sei.[83] Vier Jahre zuvor war dem Musiker eine Tournee durch die DDR verboten worden. Das MfS hatte ihn schon länger im Visier, denn Anfang 1983 hatte Lindenberg den Song *Sonderzug nach Pankow* herausgebracht, der aus Sicht der Geheimpolizei „eine gemeine Diffamierung sowohl des Generalsekretärs" Erich Honecker „als auch der gesellschaftlichen Verhältnisse und der Kulturpolitik der DDR" darstellte. Das Lied sei bereits in Diskotheken in Torgau und Elsnig gespielt und im Lehrlingswohnheim des VEB Industriemontage Merseburg als Tonbandaufnahme in Umlauf gebracht worden, wusste die Bezirksverwaltung Leipzig Ende Januar 1983 zu berichten. Allerdings seien inzwischen „Maßnahmen zur Unterbindung weiterer derartiger Vorkommnisse" getroffen worden: Man habe die beiden Diskotheken aufgesucht und „vorbeugende Aussprachen mit allen Disko-Moderatoren des Kreises" geführt.[84]

---

83 Erich Honecker an Udo Lindenberg, 19. Juni 1987, abgedruckt in: Ebd., S. 114f.

84 BV Leipzig: Information über das Abspielen und Verbreiten eines von Udo Lindenberg/BRD komponierten Liedes mit die DDR diskriminierendem Inhalt in Diskotheken und anderen Einrichtungen, 31. Januar 1983, in: BStU, MfS, HA XX, ZMA 20037, S. 28–30. Siehe auch: Hauptabteilung XI/2: Rechtliche Einschätzung des Liedtextes „Entschuldigen Sie, ist das der Sonderzug nach Pankow" von Udo Lindenberg, 7. Februar 1983, in: BStU, MfS, BV Berlin, Abt. OT, Nr. 22, S. 148–150.

Das Abspielen des Liedes war von nun an verboten[85], obwohl es dem reinen Text nach lediglich von dem Wunsch des Rock-Musikers handelte, doch endlich einmal in Ost-Berlin auftreten zu dürfen. Vermutlich aber missfiel dem MfS, dass Honecker als „sturer Schrat" beschrieben wurde, der heimlich mit Lederjacke bekleidet West-Radio hört. Udo Lindenberg gab allerdings nicht auf und schrieb Erich Honecker, dass er nicht beabsichtigt habe, ihn zu diskreditieren und der Wunsch nach einem Auftritt ernst gemeint sei.[86]

Tatsächlich erfüllte sich dieser Wunsch wenig später: Udo Lindenberg trat im Oktober 1983 im Rahmen des FDJ-Festivals „Für den Frieden der Welt – weg mit dem NATO-Raketenbeschluß" im Palast der Republik auf. Egon Krenz hatte sich in seiner Funktion als Erster Sekretär des Zentralrates der FDJ für ihn ausgesprochen. Lindenberg akzeptierte sämtliche Bedingungen. Die für 1984 anvisierte Tournee fand allerdings nicht statt, denn jenseits der DDR-Jugend hatte der Künstler offenbar keine Fürsprecher. Die FDJ befürchtete Ärger wegen der Kartenvergabe, Mitarbeiter des Ministeriums für Kultur bezeichneten den Rock-Musiker als „fiese Type"; „Lumpen" würden „durch ihn Auftrieb" erhalten und die „ehrlichen Menschen, die Genossen, bekommen Probleme", sollte der Künstler sich anders als gewünscht verhalten.[87] Der Generaldirektor der DDR-Künstleragentur, Hermann Falk, ärgerte sich über die „weiche Welle" der Kulturpolitik, die „gegenüber solchen Subjekten" nicht angebracht sei. Lindenberg würde „die negativen Kräfte unter der Jugend" mobilisieren, weshalb es „unverant-

---

85 Verurteilungen erfolgten nach § 220 StGB (öffentliche Herabwürdigung). Einzelnen Schallplattenunterhaltern, die das Lied gespielt hatten, wurde die Zulassung entzogen. Vgl. Vorschläge über das Vorgehen gegen Personen, die unter Mißbrauch ihrer beruflichen Tätigkeit oder gesellschaftlichen Funktion bzw. anderweitig in der Öffentlichkeit Liedtexte feindlich-negativen Inhalts des Rock-Sängers und Liedermachers Udo Lindenberg verbreiten, in: BStU, MfS, ZAIG, Nr. 5566, S. 2–4.

86 Udo Lindenberg an Erich Honecker, 23. August 1983, in: BStU, MfS, HAXX, ZMA, Nr. 20037, S. 60–62.

87 Hauptabteilung XX/7: Information zu dem öffentlichen Auftreten des BRD-Sängers Udo Lindenberg am 25.10.1983 während der Abschlußveranstaltng der Liedertournee für den Frieden in der DDR, 26. Oktober 1983, in: BStU, MfS, HA XX, Nr. 13782, S. 13.

wortlich" und „eine Beleidigung anderer engagierter Künstler" sei, wenn man ihn nochmals auftreten ließe.[88] Nicht jeder Kulturverantwortliche begrüßte offenbar die popkulturelle Öffnung, die vonstattenging. Lediglich das *Büro Festival des politischen Liedes* sprach sich für einen weiteren Besuch des Künstlers aus, hatte aber gegen die Bedenken des MfS keine Chance. Dem Ministerium spielte ein Vorfall im Umfeld des Palast-Konzertes in die Hände: Lindenberg hatte das Gebäude über einen anderen Weg als vereinbart verlassen, um zur Pressekonferenz zu gelangen, und spontan ein Bad in einer rasch wachsenden Fangemeinde genommen. Schließlich standen 500 Personen am Seiteneingang des Palasts, 40 wurden am Ende durch Mitarbeiter der Sicherheitsorgane „zugeführt". Dieser kurzzeitige Kontrollverlust überzeugte auch die bisherigen Befürworter einer Tournee, den Star offiziell auszuladen. Von all diesen internen Querelen erfuhr Udo Lindenberg natürlich nichts. In einem kurzen Brief wurde ihm lediglich mitgeteilt, dass seine öffentlichen Äußerungen „über Termin, Größenordnung und Inhalt" der Tournee in den westdeutschen Medien nicht mit den getroffenen Absprachen übereinstimmten, weshalb sich die zuständigen Stellen in der DDR „außerstande" sehen würden, eine entsprechende Tour zu organisieren.[89] In den nächsten Jahren versuchte Lindenberg beharrlich und auf unterschiedliche Weise, ein Umdenken zu erzielen. Als Honecker 1987 Bonn besuchte, schenkte er ihm medienwirksam – und passend zu der kurz zuvor geschickten Lederjacke – eine Gitarre, mit der er in Moskau und Leningrad aufgetreten war. Ein Auftritt in der DDR war ihm dennoch erst im Januar 1990 wieder vergönnt.

---

88 Hauptabteilung XX/7: Information, 27. Oktober 1983, in: BStU, MfS, HA XX, Nr. 13782, S. 14.
89 Rauhut, Schalmei und Lederjacke, S. 67–127, Zitat S. 102.

Oktober: Neonazis überfallen die Zionskirche

Am 1. Februar 1987 wurde in West-Berlin erstmals der Smog-Alarm ausgelöst. In Ost-Berlin hingegen schien die Luft rein zu sein, hier war offenbar keine Warnung nötig. Die Diskrepanz zwischen westlicher Vorsicht und östlichem Schweigen ließ einige Ost-Berliner Vergleiche zur Reaktorkatastrophe von Tschernobyl im Jahr zuvor anstellen. Auch damals hatte die DDR-Regierung die gesundheitlichen Folgen für die Menschen ignoriert und das Ereignis sowie dessen mögliche Folgen heruntergespielt. In Reaktion auf diese extrem mangelhafte und als gefähr-

ullstein bild, 00138513, Jansson

In der Umweltbibliothek der Zionskirche (Prenzlauer Berg). Auf den Stühlen die gedruckten Umweltblätter, Ost-Berlin 25. Juni 1987.

lich empfundene Informationspolitik gründeten einige junge Menschen im September 1986 in Ost-Berlin die *Umweltbibliothek*. Im Pfarrhaus der Zionskirche, in der Griebenowstraße 15/16, entstand mit der „UB" ein kleines, aber wichtiges oppositionelles Zentrum. Hier wurden die Samisdat-Publikation *Umweltblätter* herausgegeben, Lesungen und Diskussionsrunden abgehalten, Ausstellungen und Konzerte organisiert. Im letzten Quartal des Jahres 1987 erfuhren die Zionskirche und ihre Umweltbibliothek gleich zweifach traurige Berühmtheit: Zum ersten Mal im Oktober, als Neonazis ein Punk-Konzert überfielen und zum zweiten Mal Ende November, als das MfS nach einer Durchsuchung mehrere UB-Mitglieder verhaftete.

Der Abend des 17. Oktober 1987 hatte ganz friedlich begonnen. Es war ein wolkiger, leicht verregneter und dennoch recht warmer Tag. Für den Abend war ein Konzert der Bands *Die Firma* aus Ost-Berlin und *Element of Crime* aus West-Berlin angekündigt. Ein musikalisches Highlight für die Freunde der Punkmusik, das mehrere Hundert Fans an den Zionskirchplatz lockte. Die Gruppe *Element of Crime* sang damals noch auf Englisch und hatte gerade erste Erfolge verbuchen können. Das Label *Polydor*, genauer gesagt Tim Renner (viel später dann Kultursenator im vereinigten Berlin), nahm die Band um den heutigen Schriftsteller, Regisseur und weiterhin Frontmann der Gruppe Sven Regener 1986 unter Vertrag und schickte sie im Frühjahr darauf nach London, um die Platte *Try to be Mensch* aufzunehmen. Die *Firma*, deren Name als Anspielung auf das MfS verstanden werden konnte, galt als dezidiert politische und systemkritische DDR-Band. Erst nach 1990 kam heraus, dass sowohl ihr Gründer Frank „Trötsch" Tröger als auch die Bassistin Tatjana Besson als IM registriert waren. Was zunächst vielleicht verwundern mag, war – wie man heute weiß – damals gar nicht so selten, da es dem MfS gelungen war, die Szene massiv zu unterwandern.[90]

---

90 Vgl. Michael Boehlke/Henryk Gericke (Hg.), ostPUNK – Too Much Future. Ausstellungskatalog. Künstlerhaus Bethanien, Berlin 2005.

Als die Konzertbesucher gegen 22 Uhr die Zionskirche verließen, wartete eine böse Überraschung auf sie: Mehrere Skinheads aus Ost- und West-Berlin, die zuvor schon einige junge Leute an einer Haltestelle gegenüber der Kirche verprügelt hatten, attackierten die Gäste; einige stürmten gar ins Kircheninnere und schlugen wahllos auf die dort noch wartenden Menschen ein. Auch wenn an diesem Abend eine neue Qualität der Brutalität erreicht worden war, so war das gewaltbereite Auftreten rechtsextremer Jugendlicher prinzipiell keine gänzlich unbekannte Erfahrung – trotz der antifaschistischen Staatsdoktrin der DDR. Auch die Sicherheitsorgane waren längst über die Existenz rechtsextremer Gruppierungen informiert. Das MfS ging Ende 1987 von ungefähr 800 Skinheads in der DDR aus, die in circa 38 Gruppierungen organisiert seien. Ende des Jahres liefen 40 Ermittlungsverfahren gegen 108 als rechtsextrem eingestufte Jugendliche.[91]

Was die Konzertbesucher in jenem Herbstabend vor der Zionskirche wohl am meisten verstörte, war die wahrgenommene Tatenlosigkeit der anwesenden Volkspolizei. Es kamen Gerüchte auf, dass das MfS den Überfall womöglich geplant oder zumindest unterstützt oder gutgeheißen habe. Viel wahrscheinlicher ist jedoch, dass es sich um die spontane Aktion einiger betrunkener Hooligans handelte. Am gleichen Tag spielte in Berlin der *1. FC Union* gegen *Lok Leipzig*, zudem fand eine Geburtstagsfeier in der Gaststätte *Sputnik* in der Greifswalder Straße statt, an der wohl knapp 100 Skinheads aus Ost- und West-Berlin teilnahmen. Von dort aus war es nicht weit zur Zionskirche. Was dann passierte, lässt sich im Nachhinein nicht mehr eindeutig klären, da sich die Quellen widersprechen. Die Volkspolizei „ließ die Skinheads ohne

---

91 Anlage zum Rundschreiben an alle Bezirksverwaltungen des MfS, Betreff: Weitere Zurückdrängung und Verhinderung von Gefährdungen der Sicherheit und Ordnung, die von kriminellen/rowdyhaften Jugendlichen ausgehen, 2. Februar 1988, in: BStU, MfS, BdL/Dok.-Nr. 008324.

Aufnahme von Personalien abziehen". Erste Verhaftungen erfolgten fünf Tage später.[92]

Die *Berliner Zeitung* brachte erst einen Monat nach dem Vorfall eine kleine Notiz: Die Kriminalpolizei habe „mehrere Rowdys" festgenommen, die am 17. Oktober Besucher eines Rock-Konzertes „in grober Weise belästigten", „durch diffamierende Äußerungen" provozierten und „tätlich gegen Teilnehmer der Veranstaltung" vorgingen, „wobei mehrere leicht verletzt wurden".[93] Von der politischen Gesinnung der Täter war nichts zu lesen. Die schließlich verhängten Haftstrafen fielen recht gering aus: Die vier Angeklagten erhielten ein bis zwei Jahre wegen „Rowdytums". Offenbar verärgerte dies den DDR-Generalstaatsanwalt Günter Wendland. Er beschwerte sich bei der Staats- und Parteiführung über eine mangelhafte Informationspolitik gegenüber der Staatsanwaltschaft: Die Ausarbeitung der Kriminalpolizei „erhielt keine Hinweise auf faschistische und antisemitische Parolen", denn die politische Einstellung der Täter sollte verschwiegen werden, damit „nicht der Versuch des Gegners unterstützt wird, nachzuweisen, daß Jugendliche in der DDR faschistische Ideologie demonstrieren".[94] Der Prozess diente hauptsächlich dazu, den Vorwurf zu entkräften, die Sicherheitsorgane hätten sich an jenem Abend passiv verhalten. Wendland schaffte es offenbar, Egon Krenz und Erich Honecker von einem Kurswechsel zu überzeugen. Die Staatsanwaltschaft legte Protest gegen das Urteil ein, da die „ausgesprochenen Freiheitsstrafen in keiner Weise der Schwere der begangenen Straftaten" gerecht wurden.[95] Am Vorweihnachtstag wurde dann verkündet, dass die vier Täter nun zu Freiheitsstrafen zwischen eineinhalb und vier Jahren

---

92 Dirk Moldt, „Keine Konfrontation!". Die Rolle des MfS im Zusammenhang mit dem Überfall von Skinheads auf ein Konzert in der Berliner Zionskirche am 10. Oktober 1987, in: Horch und Guck, 40/2002, S. 14–25.

93 Rowdys ermittelt, in: Berliner Zeitung, 19. November 1987, S. 12.

94 Generalstaatsanwalt der DDR: „Zum Verlauf des Verfahrens gegen B. und andere", 14. Dezember 1987, in: BStU, ZA, HA IX, Nr. 1588, S. 12f., zit. n. Moldt, „Keine Konfrontation!".

95 Aufhebung des Urteils gegen Rowdys beantragt, in: ND, 5. Dezember 1987, S. 8.

verurteilt worden waren. Das Neues Deutschland erklärte: „Im Urteil wird deutlich, daß solcherlei Ausschreitungen, bei deren Zustandekommen Skinhead-Rowdys aus Berlin (West) beteiligt waren, nicht geduldet werden."[96] In der medialen Öffentlichkeit galten die an den Vorfällen beteiligten West-Berliner Neonazis damit als Anstifter und Rädelsführer, die ostdeutschen Angeklagten als verführte Mittäter.

Immer wieder kam es aber in den nächsten Monaten und Jahren zu kleineren und größeren Konfrontationen und gewalttätigen Übergriffen. Inmitten der antifaschistischen DDR war, neben vielen anderen Subkulturen, eine rechtsextreme Jugendkultur entstanden, die von neonazistischem Gedankengut und Gewaltbereitschaft gekennzeichnet war. Öffentlich diskutiert wurde ihre Existenz jedoch erst nach dem Mauerfall.

---

96 Strenge Strafen gegen Rowdys, in: ND, 23. Dezember 1987, S. 8.

Protestversammlung in der Zionskirche in Ost-Berlin wegen der Durchsuchung der Umweltbibliothek und der Verhaftung einiger Mitarbeiter durch die Staatssicherheit, 26. November 1987.

November: MfS-Razzia in der Umweltbibliothek

Die Zionskirche kam nach den Ereignissen vom Oktober 1987 nicht zur Ruhe. In der Nacht vom 24. auf den 25. November 1987 suchte das MfS in Begleitung eines Staatsanwaltes die Umweltbibliothek auf. Ausschlaggebend für den „Besuch" war eine Fehlinformation: Ein Inoffizieller Mitarbeiter hatte behauptet, dort würde die nicht-lizenzierte und damit illegale Zeitung *Grenzfall,* eine Samisdat-Publikation der *Initiative für Frieden und Menschenrechte* (IFM), gedruckt. An diesem Abend wurden allerdings die *Umweltblätter* produziert, die – mit dem Hinweis „Nur für den innerkirchlichen Gebrauch" versehen – eigentlich legal waren. Obwohl somit niemand bei einer Straftat ertappt werden konnte, beschlagnahmten die MfS-Mitarbeiter trotzdem mehrere Vervielfältigungsgeräte, eine Schreibmaschine sowie bereits hergestellte Seiten des *Grenzfall* und nahmen die anwesenden jungen Leute (darunter auch zwei Minderjährige) vorübergehend fest. Als Grund gab die Geheimpolizei an, dass die Ermittlungen noch nicht abgeschlossen seien und die beschlagnahmten Geräte angeblich nicht zum nachgewiesenen Eigentum der Kirche gehörten.[97]

Die Mitglieder der Umweltbibliothek und anderer oppositioneller Gruppen veröffentlichten am Tag nach dem Überfall eine gemeinsame Erklärung, in der sie die Durchsuchung, Beschlagnahmung und Verhaftung einzelner Personen als einen „eklatanten Rechtsbruch" und einen „Angriff" auf die unab-

---

97 Schnellinformation des Sekretariats des Bundes der Evangelischen Kirchen in der DDR, 4. Dezember 1987, in: BStU, MfS, HA XX/4, Nr. 1202, Bl. 15–18.

hängige Umwelt- und Friedensbewegung schilderten. Sie forderten die „unverzügliche Freilassung der Festgenommenen", die „Offenlegung der Verdachtsgründe", die „Wiederherstellung der Arbeitsfähigkeit" der UB sowie die „Einstellung jeglicher Repressionen gegen politisch Engagierte".[98] Am Abend begann eine Mahnwache in der Zionskirche.

Es entbehrt nicht einer gewissen Ironie, dass Christoph Hein am 25. November 1987 auf dem nicht mal zwei Kilometer Luftlinie entfernt stattfindenden X. Schriftstellerkongress der DDR ungewöhnlich offen formulierte: „Das Genehmigungsverfahren, die staatliche Aufsicht, kürzer und nicht weniger klar gesagt: die Zensur der Verlage und Bücher, der Verleger und Autoren ist überlebt, nutzlos, paradox, menschenfeindlich, volksfeindlich, ungesetzlich und strafbar."[99] Die Bitte um Unterstützung, die die UB mit einem Offenen Brief an den Schriftstellerkongress richtete, bewirkte jedoch keine geschlossene Solidaritätsbekundung. Der Präsident des Schriftstellerverbandes Hermann Kant erklärte, wer die Umwelt schützen wolle, müsse in der DDR „nicht in die Katakomben". Stephan Hermlin schrieb die Maßnahmen in der Zionskirche hingegen jenen zu, die von „einer Bewegung hin zu einem neuen Denken und vom Abbau von Feindbildern nichts halten."[100]

Parallel informierte die Bürgerrechtlerin Bärbel Bohley unter anderem Roland Jahn in West-Berlin über den Vorfall, der dann wiederum westdeutsche Journalisten auf das Ereignis aufmerksam machte. Deren Berichte lösten eine unerwartete Solidaritätswelle in Ost und West aus. Schnell wurden alle

---

98 Öffentliche Erklärung, in: Dokumenta Zion, Sonderausgabe der Umweltblätter, Dezember 1987, in: Robert-Havemann-Archiv.

99 Christoph Hein, Diskussionsgrundlage. Arbeitsgruppe IV: Literatur und Wirkung, in: X. Schriftstellerkongreß der DDR. Arbeitsgruppen, 24.–26. November 1987, Berlin/Weimar 1988, S. 228

100 Dokument 43, 1. Dezember 1987, in: Ilko-Sacha Kowalczuk/Arno Polzin, Fasse Dich kurz! Der grenzüberschreitende Telefonverkehr der Opposition in den 1980er Jahren und das Ministerium für Staatssicherheit, Göttingen 2014, S. 452.

Inhaftierten wieder freigelassen. Die MfS-Aktion mit dem Namen „Falle" war nicht nur fehlgeschlagen, sondern hatte dem im Sommer und Herbst noch mühsam aufpolierten Image der DDR massiven Schaden zugefügt. Einerseits konnte die Razzia als Warnung verstanden werden: Das SED-Regime wertete systemkritische Gruppierungen weiterhin als Staatsfeinde und war nicht gewillt, sie zu tolerieren. Nachdem die großen Feierlichkeiten zum Berliner Stadtjubiläum und zum 38. Republikgeburtstag erfolgreich über die Bühne gegangen waren, wurde offenbar wieder eine härtere Gangart eingeschlagen. Andererseits realisierten die oppositionellen Aktivisten zugleich, dass sie über die Westmedien Druck auf das eigene Regime ausüben konnten. In der auf die Razzia folgenden Sonderausgabe der Umweltblätter bedankten sich die Herausgeber im Januar 1988 für „die großartige weltweite Gratis-Reklame für die Umwelt-Bibliothek" und riefen „der DDR-Regierung zum neuen Jahr zu: Macht weiter so, Jungs!"[101]

---

101 Umweltblätter, 20.1.1988, S. 7.

Dezember: Scheidungsrechtsalltag im späten Sozialismus (von Anja Schröter)

Dezember 1987 – die Scheidungsrichterin Gabriele Lützow berichtete schriftlich über die Arbeit der Familienrechtskammer eines Kreisgerichtes der DDR im endenden Jahr. Im ersten Halbjahr war die Kammer unterbesetzt gewesen und nur zwei Richter hatten mit gelegentlicher Unterstützung ihrer Kollegen hauptsächlich die laufenden Verfahren bearbeitet. Sie hatten dennoch mehr als drei Viertel der Scheidungsverfahren innerhalb von drei Monaten abgeschlossen, die Hälfte davon sogar innerhalb von vier Wochen. Diese Verfahrensdauer entsprach auch dem DDR-weiten Durchschnitt. „Es war billig, es war einfach 'nen Termin zu kriegen, man musste nich' ein Jahr getrennt sein. Also, ich kann mich überhaupt nich' daran erinnern, dass da überhaupt 'ne Voraussetzung sein musste. Wenn man das halt wollte, dann hat man's jemacht." So erinnert sich Vera Gläser an ihre Scheidung in der DDR der 1980er-Jahre.[102]

Das Ehescheidungsrecht stellte in der DDR ein häufig genutztes Rechtsfeld dar, was nicht zuletzt an der im internationalen Vergleich fünfthöchsten Scheidungsrate je 10.000 Einwohner in der zweiten Hälfte der 1980er-Jahre deutlich wird. Die recht hohe Zahl ist nicht nur auf die umfangreiche Frau-

---

102 Hier und im Folgenden: Vera Gläser, Gabriele Lützow und andere Geschiedene sowie Juristinnen und Juristen in Ostdeutschland wurden im Rahmen eines Forschungsprojektes zwischen 2012 und 2013 in Oral-History-Interviews zu ihren Erinnerungen an das Scheidungsrechtsgeschehen in Ostdeutschland befragt. Der Beitrag greift auf Informationen und Analysen aus der entsprechenden Studie zurück: Anja Schröter, Ostdeutsche Ehen vor Gericht. Scheidungspraxis im Umbruch 1980–2000, Berlin 2018. Zum Scheidungsrecht in der DDR siehe u. a. auch Bernhard Klose, Ehescheidung und Ehescheidungsrecht in der DDR – ein ostdeutscher Sonderweg?, Baden-Baden 1996; Lothar Mertens, Wider die sozialistische Familiennorm. Ehescheidungen in der DDR 1950 –1989, Opladen 1998.

akg-images / picture-alliance / ZB / Wilfried Glienke, AKG5029473
Familie im Neubau, Ost-Berlin 1985.

enerwerbstätigenquote und das daraus entstandene Unab-
hängigkeitsdenken zurückzuführen. Faktoren wie frühe Ehe-
schließungen (häufig um eine Wohnung zu bekommen) und
somit auch ein gesteigertes Scheidungsrisiko sowie die recht-
lichen Rahmenbedingungen hatten ebenfalls Einfluss auf
die Neigung der Ehepaare, vor Gericht zu ziehen. Der Schei-
dungsprozess nahm in der Regel nur wenig Zeit in Anspruch,
die gesetzlichen Regelungen waren leicht verständlich. Beim
Gericht erhielten die Parteien außerdem kostenlosen Rechts-
rat und Hilfe bei der Antragstellung, sodass keine Rechtsan-
wälte für die Scheidung notwendig und die Kosten insgesamt
gering waren.

Das Ehescheidungsverfahren in der DDR begann mit einem
Fragebogen, in dem der klagende Ehegatte verschiedenste Fragen beantworten sollte. Neben einigen Angaben zu den Ge-
burtstagen der Eheleute, der Kinder, Heiratsdatum, Beruf bzw.
Qualifizierungen oder auch Mitgliedschaften in Parteien und

Massenorganisationen und zur derzeitigen Wohnung sollte er sich auch ausführlich zur bisherigen Entwicklung der Ehe äußern: Wie lange sich die Eheleute vor der Hochzeit bereits gekannt hatten; was der Anlass für die Eheschließung gewesen war; ob die Ehe ihren Erwartungen entsprochen hatte; welche Probleme (auch im Hinblick auf die intimen Beziehungen) in der Ehe aufgetreten waren; wie man sich um die Überwindung der ehelichen Konflikte bemüht hatte; oder auch, wann der letzte eheliche Verkehr stattgefunden hatte.

Hatte der scheidungswillige Ehegatte die Klage eingereicht, stellte das Gericht auch dem anderen Ehepartner einen Fragebogen zu, in dem er ähnliche Fragen beantworten sollte. Nachdem das Gericht weitere Informationen wie zum Beispiel Angaben zum Einkommen eingeholt hatte, setzte es einen Verhandlungstermin an. Die mündliche Verhandlung war grundsätzlich in zwei Teile, nämlich die Aussöhnungs- und die Streitverhandlung, gegliedert. In dem ersten Termin sollte das Gericht, bestehend aus einem Richter und zwei Schöffen, aktiv auf eine Aussöhnung der Eheleute hinwirken und dazu die Informationen aus dem Privatleben der Eheleute nutzen. Ziel war es, Konflikte und die Möglichkeit ihrer Überwindung auszuloten, um die Ehescheidungen abzuwenden. In den 1980er-Jahren wurde jedoch mehr als die Hälfte der Verfahren an nur einem Verhandlungstag durchgeführt. Sowohl die Bürgerinnen und Bürger als auch die Richterinnen und Richter erachteten die Bemühungen um den Erhalt der Ehe zunehmend als unangebrachte Einmischung in die Privatsphäre der Scheidungswilligen. Dem SED-Regime gelang es immer weniger, den eigenen Gestaltungsanspruch bis in die Familie hinein durchzusetzen.

Stellte das Gericht gemäß § 24, Abs. 1 des Familiengesetzbuches der DDR fest, dass die Ehe „ihren Sinn für die Ehegatten, die Kinder und damit auch für die Gesellschaft verloren hat", waren noch die sogenannten Scheidungsfolgen zu klären. Waren Kinder vorhanden, erhielt – trotz gesellschaftlicher und rechtswissenschaftlicher Diskussionen um die Rolle der Väter in den 1980er-Jahren – weiterhin in der Regel die Mutter das Erziehungsrecht und somit auch den Kindesunterhalt.

Das Eigentum und Vermögen sollte in der Regel zu gleichen Teilen aufgeteilt werden. Dies regelten die Scheidungsparteien häufig untereinander – also außergerichtlich. Konnten sie sich jedoch nicht einigen, verlängerte sich das Verfahren nicht nur, sondern es wurde auch teurer und komplizierter. Der Streit konnte dann sowohl Gegenstände von großem Wert betreffen wie (Wochenend-) Grundstücke, die mit hohem persönlichen Einsatz erstanden und ausgebaut worden waren, oder Autos, die mit langjährigen Wartezeiten verbunden waren. Familienrichter Ralf Malow erzählt etwa: „[W]enn die sich jetzt zum Beispiel um den Trabbi gestritten haben, das war ja drei Mal komplizierter als die ganze Ehegeschichte. [...] Das war das Schlimmste, wie gesagt um die scheiß Rennpappe." Der Streit konnte aber auch kleine Dinge betreffen. Die Rechtsanwältin Karin Dussow erinnert sich: „[D]ie wenigsten hatten ja Grundbesitz oder so, wo man sich wirklich mal streiten durfte und konnte. Also das war wirklich haarig – aber das lag wohl auch an der Mangelwirtschaft –, wie verbissen um den Hausrat gekämpft wurde. Also wenn ich daran zurückdenke, sie hatten seitenlange Litaneien, selbst Plastikeierlöffel tauchten darin auf."

Die Wohnung konnte aufgrund des Wohnraummangels nicht nur für unverheiratete Paare, sondern auch im Zuge der Scheidung zum Problem werden, wenn ein Ehepartner mangels Alternativen nicht sofort in der Lage war, auszuziehen. Dies konnte bedeuten, dass die Geschiedenen über Jahre weiterhin in einer Wohnung lebten, die Nutzung der Räume aufteilten, aber zum Teil auch neue Partner beherbergten. Richter Malow illustriert: „Dit gab auch schon welche, die sich schon die Neubauwohnung mit Partner aufgeteilt haben, da musste ick denn Toilettenzeiten festlegen, obwohl ick mich geweigert hatte, musste man so wat machen. Lautete die Frage: ‚Und wat machen Se, wenn mal eener Durchfall hat denn außerhalb der Zeiten?' Also total unangenehm, die war so schon zu kleen die

Wohnung und da gab's direkt Rechtsprechung, wie man so 'ne Wohnung aufteilen kann, [...] da haben Se manchmal in so 'ne Neubauwohnung zwei Pärchen und noch die Kinder gehabt."
Nacheheliche Unterhaltszahlungen für den Ehegatten kannte der sozialistische Gesetzgeber zwar, sie spielten aber in der Praxis nur selten eine Rolle. Aufgrund der hohen Frauenerwerbsquote, den Entlastungen durch den staatlichen Dienstleistungssektor mit Krippen, Kindergärten, Kantinen, etc. und der entsprechend weitgehenden ökonomischen Unabhängigkeit der Frau vom Ehemann gewährte das sozialistische Recht nur in Ausnahmefällen (wie zum Beispiel bei einem fehlenden Krippenplatz) die befristete Zahlung von Ehegattenunterhalt. Das hatte Auswirkungen über die DDR-Zeit hinaus. Viele ostdeutsche Frauen wollten auch nach der deutschen Einheit mit der Auflösung der Ehe nicht nur einen emotionalen, sondern auch einen ökonomischen Schlussstrich ziehen. Der Unabhängigkeitsgedanke stand weiterhin im Vordergrund, sodass sie bei der Scheidung deutlich seltener Ehegattenunterhalt geltend machten als westdeutsche Frauen.

Jose Giribas/Süddeutsche Zeitung, 00369995

Wachturm an der Mauer in Berlin, 1987.

Resümee

Die Stimmungslage zum Ende des vierten Jahrzehnts der DDR spiegelt vermutlich am besten die Jahreshitparade. In den Top 5 des Jahres 1987 fanden sich: *Casablanca* von City, *Als ich fortging* von Karussell, *Ich bin frei* von der Stern Kombo Meißen und *Wenn ich dich nicht halten kann* von Ralf Bursy. Alle vier Hits widmeten sich in der einen oder anderen Form dem Thema Abschied.

Zum Teil drückte sich darin eine allgemeine Stimmung aus, denn immer mehr Menschen versuchten, das Land dauerhaft zu verlassen. Nachdem 1983 erstmals eine Verordnung zur „Wohnsitzänderung nach dem Ausland" bekanntgegeben worden war, schnellte die Zahl der Ausreiseanträge in die Höhe – von über 78.000 im Jahr 1986, auf über 105.000 im Jahr darauf. Tatsächlich ausreisen durften 1987 allerdings nur 7.600 Personen. Doch weder die geringen Aussichten auf Erfolg, noch die langen Wartezeiten oder die auch weiterhin auf die Antragstellung folgenden Schikanen hielten die Menschen davon ab, ihr Recht einzufordern. Andere nutzen die Chancen, die sich ihnen boten: Über 3.235 DDR-Bürger kehrten 1987 nicht von einer Auslandsreise zurück, 330 Menschen gelang die Flucht auf andere Art. Weitere 3.000 Fluchten wurden verhindert. Es ließ sich ein Trend erkennen: Seit 1985 verdoppelte sich jährlich die Zahl der geglückten Fluchtversuche vor allem durch Verbleib im nichtsozialistischen Ausland. Zehntausende kehrten jedoch von ihrer Westreise wieder in die DDR zurück – mit persönlichen Eindrücken und Erfahrungen, die sie mit dem in den Ost- und Westmedien vermittelten Bild vom Leben in der Bundesrepublik abgleichen konnten.

Für jene Menschen, die das Land nicht verlassen, sondern bleiben und es verändern wollten, hatte das Jahr zunächst Anlass für etwas Hoffnung geboten, die dann jedoch im Winter jäh im Keim erstickt wurde. Nicht Wenige, die nach der Teilnahme am Olof-Palme-Friedensmarsch oder am Kirchentag von Unten geglaubt hatten, dass eine offene Diskussion bestehender Probleme vielleicht doch in den Bereich des Möglichen rücken könnte, verloren nach dem MfS-Überfall auf die Umweltbibliothek den Glauben an eine Gesprächsbereitschaft seitens des Staates. Zugleich bildete sich in einigen systemkritischen Gruppen jedoch die Erkenntnis heraus, dass man durch das Herstellen von Öffentlichkeit (über die westdeutschen Medien) durchaus das SED-Regime unter Druck setzen konnte. Andere Bürgerinnen und Bürger wiederum versuchten verstärkt, sich auf lokaler Ebene einzubringen und Veränderungen in ihrem konkreten Lebensumfeld zu bewirken. Insgesamt zeigt sich in der Rückschau, dass der Wunsch nach Partizipa-

Wikipedia, Florian Schäffer

Delikatladen, vermutlich in Leipzig, 1986.

tion und Mitgestaltung immer deutlicher artikuliert oder durch konkrete Aktionen im Kleinen auch bereits erzwungen wurde. Was weite Teile der Bevölkerung am meisten beschäftigte, war die zunehmend schlechte Versorgungslage und die wachsende soziale Ungleichheit. Dies wurde besonders anhand der umfangreichen Kritik an dem pompös zelebrierten Berliner Stadtjubiläum und der damit einhergehenden (realen wie angenommenen) Ressourcenverteilung zugunsten der Hauptstadt deutlich. Doch auch die Reaktionen auf die 5. Tagung des ZK der SED am 16. Dezember 1987, die das politische Jahr beendete, zeigten, dass die Unzufriedenheit der Menschen stetig wuchs. Die unter anderem im ND veröffentlichten Berichte und Reden priesen die brüderliche Verbundenheit mit der Sowjetunion und den anderen sozialistischen Staaten, lobten die Friedensinitiativen der DDR-Führung, betonten die gute wirtschaftliche Bilanz im Vergleich zu dem von Krisen, Schulden und Arbeitslosigkeit gebeutelten Westen und lobten die Fortschritte auf sozialpolitischem Gebiet. Erich Honecker wurde zitiert: „Mit gutem Recht kann man davon sprechen, daß sich die ökonomische Strategie unserer Partei [...] bewährt hat."[103] Das Fazit der Bevölkerung fiel anders aus. In einem streng geheimen Bericht fasste die *Zentrale Auswertungs- und Informationsgruppe* (*ZAIG*) des MfS die Reaktionen der Menschen zusammen.[104] Immer „schärfer und in der Aussage kritischer" würden sie sich im Rahmen von Versammlungen in den Betrieben und Wohngebieten, aber auch in ihren schriftlichen Eingaben äußern: „Viele Diskussionen widerspiegeln in wachsendem Maße Unmut und Unverständnis, insbesondere unter Hinweis auf immer offener zutage tretende Angebots- und Sortimentslücken bei Waren unterschiedlichster Erzeugnisgrup-

---

103 Alles zum Wohl des Volkes der Deutschen Demokratischen Republik, für seine friedliche Zukunft, in: ND, 17. Dezember 1987, S. 2.

104 Hier und im Folgenden: Hinweise über einige beachtenswerte Aspekte der Reaktion der Bevölkerung zu Problemen des Handels und der Versorgung [Bericht O/196a –Langfassung], 12.1.1988, in: BStU, MfS, ZAIG, Nr. 4165, Bl. 74–79.

pen, Qualitätsmängel bei Industriewaren und hochwertigen Konsumgütern, diskontinuierliche Warenlieferungen, auch bei Grundnahrungsmitteln, fehlende Ersatzteile und unvertretbar lange Wartezeiten in den Dienstleistungs- und Serviceeinrichtungen, besonders im Kfz-Reparaturbereich, sowie auf die als ungerechtfertigt bezeichneten Preisrelationen im Delikat- und Exquisithandel." Das Fazit laute nicht selten: „Die gegenwärtige Versorgungslage trage nicht dazu bei, den Sozialismus attraktiver und anziehender zu machen." Vielerorts falle es auch den Partei- und Gewerkschaftsfunktionären „immer schwerer, auf entsprechende Fragen und Diskussionen der Werktätigen mit überzeugenden Argumenten zu antworten", weshalb nicht selten der Eindruck entstünde, „die Funktionäre seien ratlos bzw. nicht in der Lage oder überfordert". Auch die staatliche Medienpolitik gerate zunehmend in die Kritik, da „ständig ein rosa-rot gefärbtes Bild der Entwicklung der Volkswirtschaft präsentiert" werde, weshalb die Gefahr bestünde, dass die Partei „erheblich an Vertrauen und Glaubwürdigkeit bei den Werktätigen" einbüßt.

Im Dezember 1987 betrug die Wartezeit auf einen Trabant 12 bis 15 Jahre, auf einen Wartburg oder Lada wartete man bis zu 17 Jahre. Zwar war die DDR inzwischen bei der Verbreitung von technischen Geräten wie Kühlschränken oder Waschmaschinen fast auf den Stand der Bundesrepublik, auf anderen Gebieten stillte das Angebot jedoch nicht im Ansatz die Nachfrage. Die Ursache für den allseits wahrgenommenen Mangel lag auch darin begründet, dass sich die Menschen nicht – wie die DDR-Führung – an den anderen sozialistischen Staaten orientierten, sondern stets an dem (durch den Filter des Westfernsehens wahrgenommenen) Lebensstandard in der Bundesrepublik. Immer mehr hatte das SED-Regime versucht, den Konsumwünschen der Bürgerinnen und Bürger entgegenzukommen, um sich Zufriedenheit und somit Loyalität zu erkaufen. Seit den frühen 1970er-Jahren wurden zunehmend Konsumgüter aus westlichen Ländern importiert. In den 1980er-Jahren musste das SED-Regime jedoch feststellen, dass die eigene wirtschaftspolitische Strategie (die sogenannte Einheit von Wirtschafts- und Sozialpolitik) nicht aufging, man zu wenig Devisen einnahm und die Auslandsverschuldung rapide zunahm. Die Direktimporte mussten also wieder reduziert werden, dafür gingen immer mehr selbst produzierte, hochwertige Waren in den Export. Technische Neuheiten wie die Mikrowelle, der CD-Player oder der Walkman konnten kaum noch der Nachfrage entsprechend entwickelt und produziert werden. So entstand der allgemeine Eindruck, dass sich die Versorgungslage kontinuierlich verschlechterte. Immer mehr verlagerte sich der „gehobene" Konsum auf die vergleichsweise teuren Delikat- und Exquisit-Geschäfte sowie auf die Westwaren gegen Westgeld anbietenden Intershops. Außerdem wurde die DM zu einer immer wichtigeren Zweitwährung. Dies führte dazu, wie der oben zitierte MfS-Bericht zeigt, dass der Eindruck einer Zweiteilung der Gesellschaft entstand. Für einen sozialistischen Staat, der stets die Gleichheit aller Menschen betonte, war dies eine gefährliche Entwicklung.

Auswahlbibliografie

Fulbrook, Mary: *Ein ganz normales Leben. Alltag und Gesellschaft in der DDR, aus dem Englischen von Karl Nicolai*, Darmstadt 2008.

Kowalczuk, Ilko-Sascha: *Endspiel. Die Revolution von 1989 in der DDR*, München 2009.

Lindenberger, Thomas (Hg.): *Herrschaft und Eigen-Sinn in der Diktatur. Studien zur Gesellschaftsgeschichte der DDR*, Köln 1999.

Niethammer, Lutz Niethammer / von Plato, Alexander/Wierling, Dorothee: *Die volkseigene Erfahrung. Eine Archäologie des Lebens in der Industrieprovinz der DDR*, Berlin 1991.

Pollack, Detlef: *Politischer Protest. Politisch alternative Gruppen in der DDR*, Opladen 2000.

Sabrow, Martin/Jarausch, Konrad H. (Hg.): *Der Weg in den Untergang. Der innere Zerfall der DDR*, Göttingen 1999.

Schöne, Jens: *Stabilität und Niedergang. Ost-Berlin im Jahr 1987*, 6. Aufl., Berlin 2012.

Steiner, André: *Von Plan zu Plan. Eine Wirtschaftsgeschichte der DDR*, München 2004.

Thijs, Krijn: *Drei Geschichten, eine Stadt: Die Berliner Stadtjubiläen von 1937 und 1987*, Köln 2008.

von zur Mühlen, Patrick: *Aufbruch und Umbruch in der DDR. Bürgerbewegungen, kritische Öffentlichkeit und Niedergang der SED-Herrschaft*, Bonn 2000.

Wolle, Stefan: *Die heile Welt der Diktatur. Alltag und Herrschaft in der DDR 1971–1989*, Berlin 1998.

Wurschi, Peter: *Rennsteigbeat. Jugendliche Subkulturen im Thüringer Raum 1952–1989*, Köln/Weimar/Wien 2007.